Basics of Financing

これだけは知っておきたい

# 「資金繰り」の基本と常識

中小企業経営者・個人事業主・起業家のための
日本一「資金繰り」がわかる本

◉借りられる会社・借りられない会社の違いがわかる!
◉銀行は雨の日でも傘を貸す!
◉銀行員を貸す気にさせるカンタン資料3点セット＋α

資金繰りコンサルタント
小堺桂悦郎【著】

フォレスト出版

# まえがき——生きた知識とテクニックを手に入れよう！

本書を手に取っていただき、ありがとうございます。

もしあなたが創業間もない経営者や経理担当者であるならば、

「銀行から融資を受けようと思うのだが、どうしたらいいものか……」

という不安感からページをめくっているのではないでしょうか。

あるいは、すでに銀行から融資を受けた経験がある方ならば、

「銀行から決算内容などについて聞かれたがうまく答えられなかった」

「融資を断られた理由がよくわからない」

「今後の計画の提出を求められたが、どうやってつくればいいものやら……」

といったところでしょう。

「もっと銀行から融資を受けて会社を大きくしたい」

「じつは借入の返済について悩んでいる」

という方もいるかもしれません。

本書は、そんな悩みをドンピシャで解消する内容を盛り込んでいます。

## ● 資金繰りは税理士や会計士に聞いてもわからない

さて、本書は「基本と常識」と銘打っています。かなりやさしく、できるだけ難解な言葉を使わずに書いておりますが、資金繰りや融資交渉のためには、決算書や税金に関する知識がある程度必要とされることはお含みおきください。ですので、これから独立開業する、起業志望ではいるけれど現在は会社員である、という方などにとっては難しく感じる箇所もあるかもしれません。

しかし、だからといってがっかりしないでください。

なぜなら、**私がここに書いている内容は暗記を要求される類のものではない**からです。そして、このテーマの本ではめずらしく、イラストや図をふんだんに使って要点をまとめていますので、感覚的に理解できるはずです。

経営者の中には、資金繰りについて顧問税理士や会計士に相談する方がいまだにいるようです。残念ながら彼らは資金繰りについて的確なアドバイスをすることはできません。

というのは、彼らは税金や会計の専門家だからです。それらの専門家になるための試験科目には「資金繰り」も、ましてや「融資」もありません。

ですので、資金繰りや融資について悩んでいるのであれば、やはり本書のようなプロが書いた入門書を1冊きっちりとお読みいただくのが一番です。

## ◉すべての中小企業のためのノウハウとテクニック

私は元銀行員で融資係をしていました。その後、税理士事務所に転職し、融資係の経験を活かして多くの会社の融資交渉に立ち会ってきました。そして、今では全国的にもめずらしい資金繰り専門のコンサルタントとして独立、資金繰り&銀行交渉のプロとして独自のノウハウを開発し、数多くのクライアントの資金繰りを改善してきました。

コンサルタントとして独立したこの12年で、**相談を受けた会社数は2100社を超え、獲得した（させた）融資総額は150億円**を超えます。

本書ではそれらの経験に基づいて、**小売業、製造業、建設業、サービス業、観光・旅館業など、ほぼすべての業種を対象**として執筆しましたし、そのノウハウはすべてコンサルタントとしての何らかの実績の裏付けがあるものだけです。

具体的には、一度の融資申し込み金額としては数百万円から5億円、融資残高は数百万円から20億円程度まで。返済猶予交渉の場合は、年間返済額が数百万円から

1億8000万円までとし、企業の年間売上高としては1000万円程度から40億円までが本書の想定する企業です。

つまり、**これから起業しようとするあなた、すでに経営者であるあなた、経理担当者や関係者のあなたのために、すべての中小企業において必要とされる資金繰りと融資に関するノウハウとテクニックが書かれている**のです。

## ◉――あなたはまだまだ借りられる

本書を執筆している平成27（2015）年5月末現在、**金融緩和による景気回復のおかげで、銀行は新たな融資先を必死になって探している**ことをご存じでしょうか？

銀行から融資のセールスをされた経験がないと信じられないかもしれませんが、銀行は新たな融資先を探し、融資のセールスをしているのです。

銀行から融資のセールスをされる会社は業績のいい会社ばかりと思われそうですが、けっしてそんなことはありません。信用保証協会の保証付き融資（↓100ページ）の中には業績悪化業種専用の融資もあり、これについても銀行は融資先を探しているのです。

そして、現在銀行の融資の返済にお悩みの方でも、状況によって融資の返済をゼロに、返済をストップしてもらうこともできるのです。

そうしたチャンスを手にし、またピンチから脱するためにも、今本書をお読みになっているあなたはラッキーです。

**プロローグ**では、資金繰りに必要な重要な考え方をお伝えします。

**第1章**では、会計資料などをもとに、会計用語を使った資金繰り状況の理解の仕方、資金調達の際に気をつけなければならないことについて説明していきます。

**第2章**では、銀行の融資について、最低限知っておくべき基礎知識について説明します。

**第3章**では、銀行がどのような基準で融資の審査をしているかを説明していきます。どいう場合には融資がＯＫ、あるいはＮＧなのか、気になる経営者の方も多いでしょう。

**第4章**では、融資の際に必要な資料のつくり方と、融資交渉の際の話し方や心構えを中心に説明していきます。かなり詳しいノウハウを手に入れられるはずです。

**第5章**では、返済方法、返済が苦しくなったときの対処法について説明していきます。

**第6章**では、前章までの基本をふまえたうえで、実践的、応用的な資金繰りのコツや銀行交渉について説明していきます。

それでは目次からご覧いただき、興味のありそうなページからめくってみてください。

推理小説のように最初から一字一句追わず、必要に応じて前のページに戻るなどしながらお読みください。

そして一度読んだらそれで終わりにせず、業績や資金繰り状況が変化したときや、銀行と融資交渉を行う前などに、ぜひ読み返してください。

# もくじ　これだけは知っておきたい「資金繰り」の基本と常識

## 第1章 これだけは押さえておきたい資金繰りの基本

## 第2章 借りられるようになるために必要な基礎知識

## 第3章

# 銀行が「貸したい会社」「貸したくない会社」

## 第4章 融資が受けやすくなる銀行交渉術と資料づくり

# 第5章 返済額は減る！ あなたにもできる返済猶予

## 第6章

# ワンランク上の資金繰りと銀行交渉のコツ

本文フォーマット・図版・イラスト作成　富永三紗子
ＤＴＰ　野中賢（株式会社システムタンク）

プロローグ

# なぜ資金繰りの方法を学ぶことが大切なのか？

## これから資金繰りをしていくうえで重要な考え方を説明します。

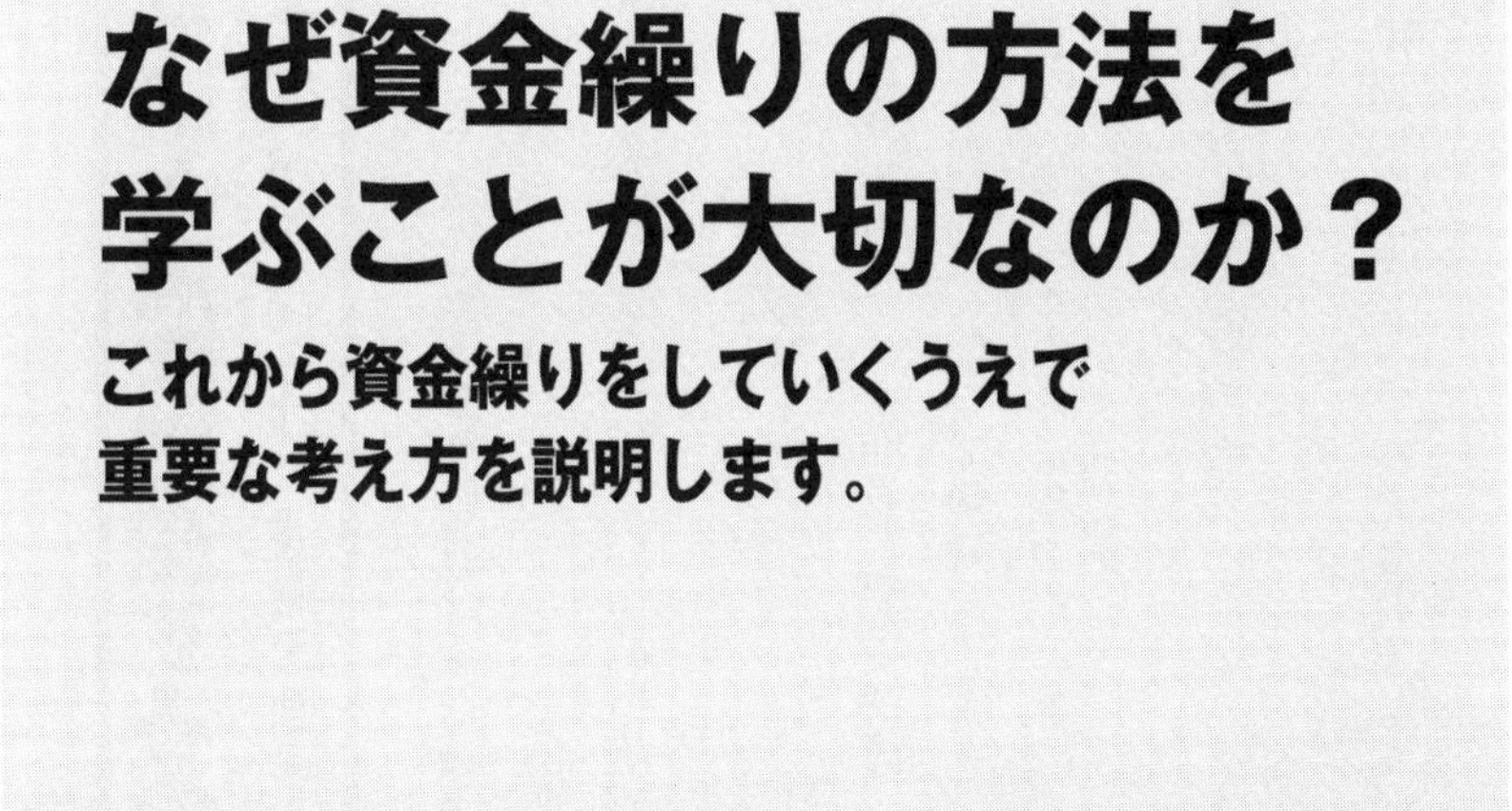

## 1 なぜ資金繰りができないと黒字倒産するのか？

### ↓儲かっていても支払い日に支払いができなければ黒字倒産

経営者や個人事業主など、自分の手腕でビジネスを展開しなければならない方々にとって、いかに資金繰りの知識を得ることが大切なのかを理解していただくために、まずは**赤字**と**黒字**、そして**倒産**という誰もが聞いたことがある会計の専門用語の説明から始めましょう。

俗に、儲《もう》かっている（利益が出ている）状態のことを黒字、儲かっていない状態（利益の反対で損失）のことを赤字といいますね。会社経営であれば、前者を**黒字決算**、後者を**赤字決算**といいます。ちなみに、赤字や黒字という表現は、かつて帳簿を手書きで作成していたころ、売上から売上原価や費用などを差し引いてマイナスになったときに、赤字で記入したのがその由来のようです。

そして倒産は会社経営や事業経営を継続できなくなる状態のことをいいます。

では、「倒産＝赤字」なのでしょうか？

資金繰りをきちんと理解していないと、勘違いしてしまうかもしれませんが、じつはそんなに単純な話ではありません。仕入れ代金や借入返済、あるいは毎月の家賃や給料などの支払いを支払い期日どおりに支払えなくなることで、営業を継続できなくなることが倒産であり、**必ずしも「倒産＝赤字」ではない**のです。

## 勘定合って銭足らず

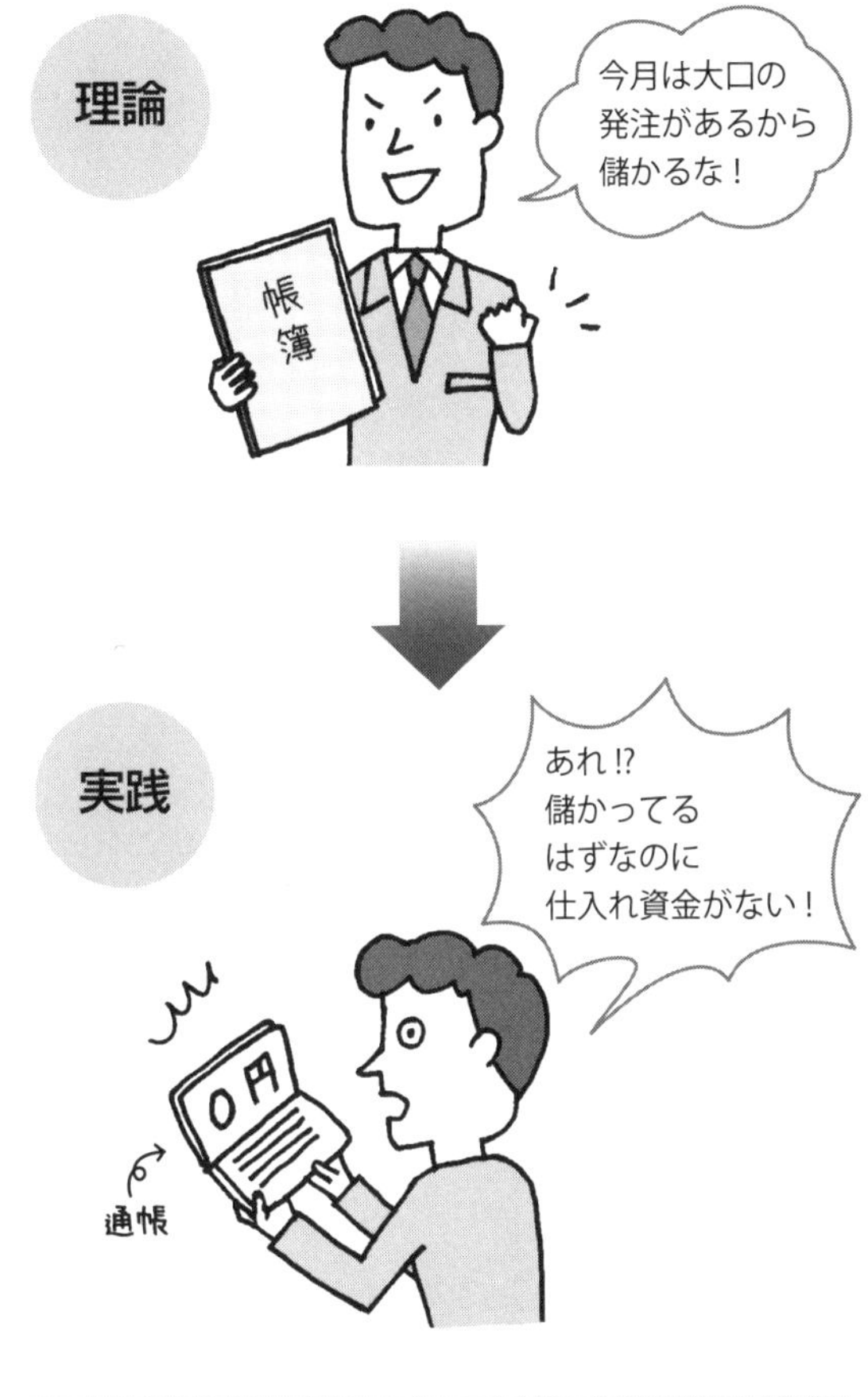


**理論と実践が必ずしも一致しないところが資金繰りの難しいところ。**

儲かっているかどうか（利益が出ているかどうか）というのは、あくまでも会計上（決算上）のことで、もしそのとおりに売上代金などが入金されなかったりしたら、それだけでお金が足りなくなることは想像できるでしょう。ということは、**会社経営をしていくうえでは、儲かっているかどうかだけではなく、支払い日にお金が足りるかどうかの管理も徹底しておかなければならない**ということです。

## ◉赤字でも資金調達できれば倒産しない！

支払い日に足りないお金をどこかから借りてくることができれば倒産はしません。あるいは、支払い先と交渉をして、支払いの期限を延長してもらうことができれば、とりあえず倒産は回避できます。おおまかには、この2つの方法が、支払い日にお金が足りないときの対処法です。この対処をするのに、黒字か赤字かは関係ありません。赤字だからお金を貸してもらえないということもありませんし、黒字だから必ず借りられるとも限りません。費用などの中にはお金が出ていかない費用、支払いの発生しない費用なども含まれます。つまり、「赤字＝金が足りなくなる」とは必ずしもいえないのです。

いかがでしょうか？　こうした資金繰りの基本を理解しているかどうかが、あなたの事業の命運を握っているのです。

## 企業の倒産数と負債総額

| | 倒産件数 | 負債総額 |
|---|---|---|
| 平成26（2014）年 | 9731件 | 1兆8740億円 |
| 前年比 | ▲10.35% | ▲32.64% |
| 平成25（2013）年 | 1万855件 | 2兆7823億円 |

負債総額は億円未満切り捨て

**企業倒産年次推移**

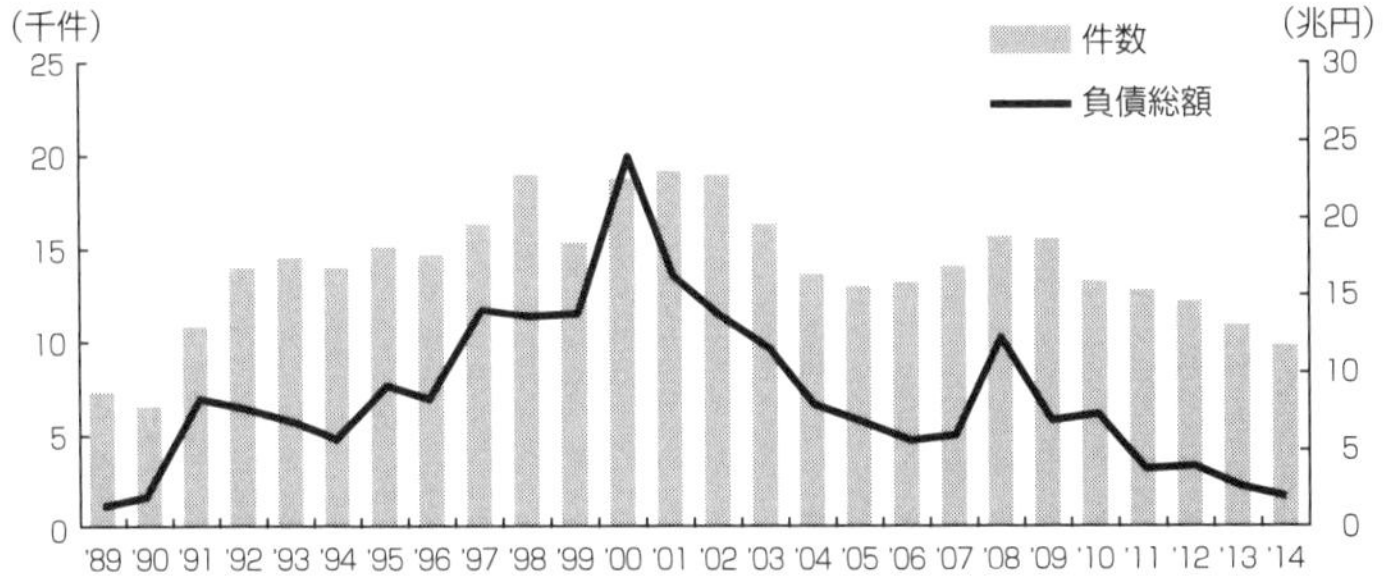

**このように黒字倒産した会社も多いはず。**

＊東京商工リサーチの資料を基に作成。

## 2 なぜ儲かっているのに資金が足りなくなるのか？

### おもに7つの原因が資金管理を難しくしている

赤字だとお金が足りなくなることは誰にでも想像できるし理解もできそうです（必ずしもそうとは限らないのですが）。

しかし、前節でも説明しましたが、儲かっているのにお金が足りなくなる状況というのは、なかなかイメージしづらいかもしれません。そこで、本節ではその原因について詳しく見ていきましょう。

おもに7つの原因――**①設備投資、②在庫、③掛売り、④税金、⑤借入返済、⑥売上の長期化、⑦掛売りなどの入金の遅れ**が考えられます。

### ① 設備投資

新しく事業を始めるときには、お店や工場、車や機械などの設備投資をしなければなりません。そのお金を自己資金で支払えるのか？　あるいは借りて支払うのか？　いずれにせよ、投資することに変わりはありません。

**②在庫**

小売業や製造業であれば、売る前に売る物を仕入れたりつくるのが先です。つまり、売る前にお金が出ていくのです。

**③掛売り**

せっかく売ったのに、掛売りであれば、お金が入ってくるのがあとになってしまいます。

**④税金**

売上からかかった費用を差し引いた結果には税金がかかります。といっても、①や②が売上からすべて差し引けるわけではありません。また、たとえ入金されていない③であっても、売上に含めて計算をしなければなりません。

**⑤借入返済**

右記①～③の原因のためにお金を借りてきた場合は、その返済が発生します。つまり、お金が減っていきます。

### ⑥売上の長期化

建設業や製造業の場合には、工事や商品が売上となるまでに数カ月を超えることも珍しくありません。ということは、売上が入金されない期間も数カ月に及ぶことになります。

### ⑦掛売りなどの入金の遅れ

さらに、③や⑥の場合に、約束した期限を過ぎても入金されないこともあります。

これら7つの要因は、事業が（会社が）儲かっていても起こりうることです。この対処法として、仕入れ代金や費用の支払いを後払いにする、ということが日常的に行われます。そして、もし事業の結果が赤字であれば、⑧赤字分の資金不足が加わり、資金管理の難しさはさらに増してしまいます。

## ◉経営者の仕事は資金繰り

前項で説明したとおり、さまざまな要素が絡み合っているため、資金を管理することはとても複雑です。しかし、この資金繰りができないと会社経営はできないといっても言い過ぎではないのです。

## 資金繰りは経営者にしかできないこと

資金繰りとは、文字どおり資金をやり繰りすることです。会社の目的は利益を上げることなので経営者は利益を上げることばかりに目を向けてしまいがちですが、じつは経営者にはもう1つ大切な仕事があります。もうおわかりですね？　経営者（もしくは経営に関わる一部の人）にしかできない資金繰りです。

売上や利益を上げることは、全社員が一丸となってできることですが、資金繰りは経営者の仕事になります。つまり、**資金繰りができないと経営者として失格**なのです。どんなに利益を出したところで資金繰りができずに資金不足になれば倒産してしまいますし、逆に利益が出ていなくても資金繰りさえできていれば倒産しません。

繰り返しになりますが、会社の事業を継続できるかどうかは資金繰りにかかっているのです。

# 3 資金繰りでは具体的に何をするのか？

## 入金はより早く、支払いはより遅く

資金繰りとは、要するに資金が足りなくならないように資金の出入りをコントロールすることです。それでは、資金が足りないときに取り得る具体的な方法を見ていきましょう。

### ① 支払いを入金のあとにする

入金が1カ月後で支払いも1カ月後では、何かのアクシデントで入金がなかった、あるいは予定していたよりも入金が少なかったときのことが心配です。したがって、支払いを2カ月後など入金のあとにしてもらえば余裕が生まれます。

### ② 手付金や中間金をもらう

仕事が完了するまでに長い期間を必要とする業種の場合は仕事を頼まれたとき（受注したとき）に、まず契約金**（手付金）**としていくらかいただきます。場合によっては仕事の途中で中間金を受け取り、仕事が終わったら最後に残りの分**（最終金）**をもらいます。こうすれば、期間内の**運転資金**（↓１０６ページ）をいくらか確保できます。

### ③どこかから資金を調達してくる

右記の①と②を行うには、いずれも相手との合意が必要です。入金は早く、支払いは遅くしたいというのは誰しも同じです。取引相手との合意が得られない場合は、銀行などの金融機関からの借入などで資金調達することを検討しなければなりません。

## 入金は早く、支払いは遅く？

得意先
早く入金してください！
支払い期日を伸ばしたい…
○○でんき
自分
早く入金してください！
支払い期日を伸ばしたい…
仕入先

**考えることはみな同じ。
支払いができそうもなければ
金融機関からの借入を検討すべき。**

## 4 約束手形とは何か？

**信用力で将来の特定日に支払うことを約束した用紙**

前節の3つの資金繰り法以外に、**約束手形**を使うことがあります。約束手形とは、銀行に**当座預金口座**を開設し、銀行から約束手形用紙を購入することで、支払いに使うことができるのです（もちろん、受け取る相手側の同意のうえで）。

受け取った相手側は、さらにその手形を自分の支払いに使うこともできます（これも相手側の同意のうえで）。

また、**手形割引**といって、金融業者や金融機関に手数料を支払うことで換金することも可能です。建設業や製造業などで、売上となるまで数カ月間にわたる仕事の場合に、お互いを信用しあって入金や支払いの代用として行われている決済方法の1つです。

ただし、支払い期日に支払えないような事態になったりすると、**不渡り**といって、銀行取引が停止させられることとなったりします。また、受け取ったほうも別の支払いに使った場合には、最終受取人から請求されることもあります。

よって、会社の資金繰りとして約束手形を使う場合には、より慎重さが求められます。

## 約束手形が振り出された場合の選択肢は主に3つ

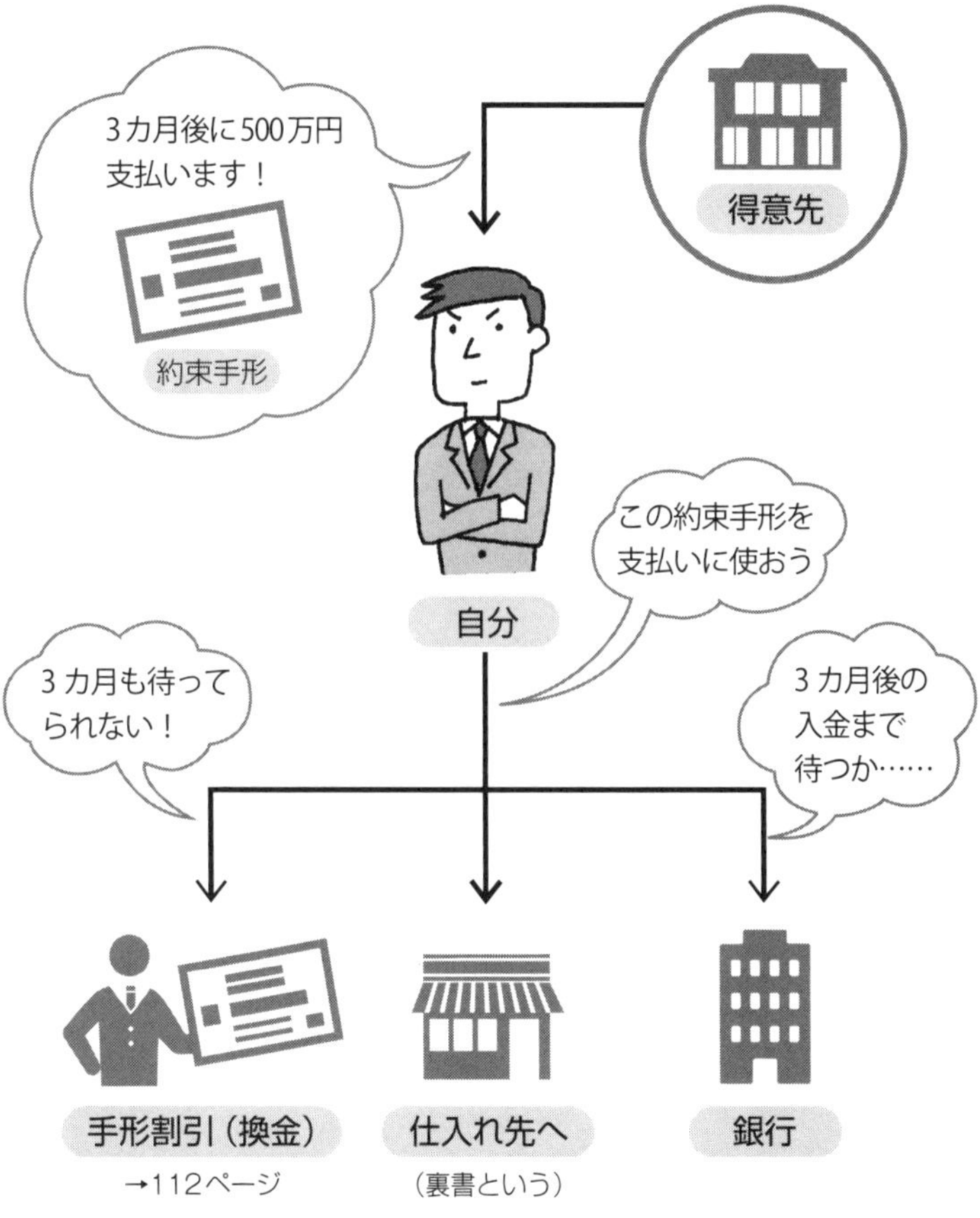


**振出人が約束の期日までに支払えなかった場合「不渡り」となる。**
**もし、受け取った自分も支払いに使っていた場合は、自分も請求されることに。**

# 5 ほとんどの商売は売れば売るほど資金不足になる？

## 資金不足になることは最初からわかっていること！　だから…

「もっと売上を増やすようにがんばります！」

資金繰りが苦手な経営者、あるいは銀行から融資を受けるのが嫌い（？）な経営者の方がよく口にする言葉です。残念ながら、その言葉どおりになったとしたら、ますますお金が足りなくなってしまうことにお気づきですか？

本章の冒頭で述べた**黒字倒産**に通じるところがあるかもしれません。黒字倒産とは利益が出ているにもかかわらず支払いができなくなって倒産してしまうケースをいいましたが、**売上についても数字が大きく増えれば増えるほど、支払いも増え、お金が足りなくなってしまう**のです。

仕入れや経費を増やさず、売上だけを増やすことができれば、それも掛売りではなく現金販売でできれば、資金繰りも改善するかもしれません。しかし、よほどのことがない限りそういうことは起こりえません。それどころか、売上を増やそうとするあまり、利益率が悪化して、ますます資金繰りを難しくさせたり、あげくは赤字を発生させてさらに資金繰りが厳しくなったりします。

こうなってしまうともはや悪循環、泥沼です。ではどうすればいいか？　売上を増やしたり、利益を増やしたりすることに専念するためにも、銀行などから融資を受けて資金繰りを安定させることが重要なのです。

## 売上が上がれば上がるほど、資金繰りは厳しくなる？

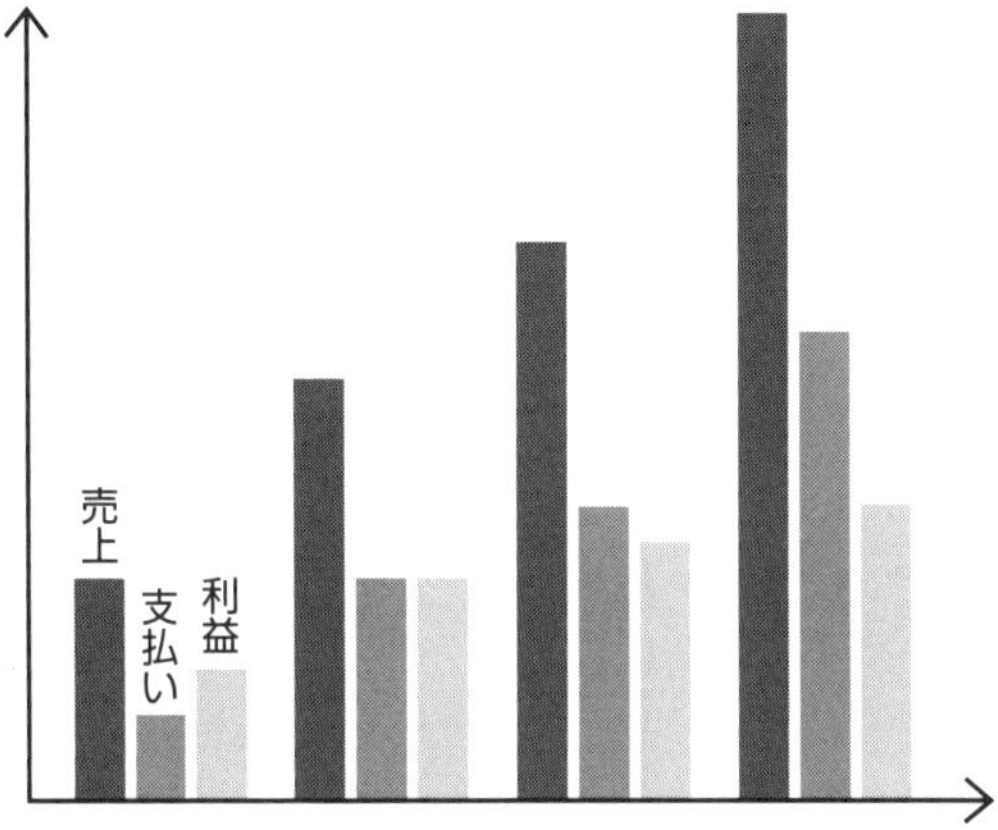
売上
支払い
利益

売上が増えて
いるのに?!
厳しいんだ
よね……

**売上が上がると、**
**そのぶん仕入れ代などの支払いも増える。**
**利益も増えていたとしても、利益率は下がる場合も。**

# 6 資金調達にはどんなテクニックがあるか？

## ↓資金繰りがわかっても資金調達できなければ意味がない

資金繰りの仕事の大部分は**資金調達**になります。会社内の努力によって、支払いを遅くしたり約束手形を使ったりするにしても限界があります。自分で努力しても資金が足りなくなったときに、資金をどこからか調達してこなければならないのです。「資金繰り表」（→１５６ページ）をつくって3カ月後に資金が足りなくなるとわかっていても、資金調達できなければ会社は倒産してしまうのです。

結論を先にいうと、中小企業にとってのおもな資金調達先は、**政府系金融機関**や**銀行**（信用金庫や信用組合も含む）になります。

ただし、政府系金融機関は融資額が少ないので結局は両方を活用していくことになります。政府系金融機関は営利を目的としていないので比較的借りやすいといえます。一方、銀行は営利目的になるので資金を借りるにはそれなりのテクニックが必要になります。

ですから、本書では銀行から資金調達するためのテクニックを中心に解説していきます。

しかし、ここでは銀行以外の資金調達方法についても少し触れておきます。

## ◉銀行以外の資金調達方法

考えられる資金調達先としては、①**家族・親戚・友人からの資金援助**、②**ベンチャーキャピタルやファンドからの出資金**、③**少人数私募債や社債**、④**さまざまな補助金や助成金**、⑤**リースやクレジットの活用**などです。しかし、これらの中で中小企業にとって現実的な資金調達先といえるのは①と④と⑤くらいでしょう。

### ① 家族・親戚・友人からの資金援助

家族・親戚・友人からの資金援助は、もっとも身近な資金調達といえますが、頼まれるほうとすれば迷惑な話です。なにより、もし返せなくなった場合は、もっとも身近な人間関係でトラブルになってしまいます。

### ② ベンチャーキャピタルやファンドからの出資金

**出資金**というのは会社の株主として資本金を出してもらうことです。出資の割合などによっては経営権を譲ることにもなりかねないので注意が必要なことと、株主配当を支払う必要がでてきます。メリットとしては、返済する必要がない資金ということです。

### ③少人数私募債や社債

会社として**債券**を発行し資金を集める方法です。出資と違い、返済（償還）する必要はあります。いろいろな条件が多く、一般的な中小企業には活用しにくいのが現実です。

### ④さまざまな補助金や助成金

さまざまな**補助金**や**助成金**は、政府や自治体から返す必要のない資金を調達できるので大いに魅力はありますが、何事にも事前の届出とその認可が必要となります。しかも、それらの交付は事業がある程度進んでからの交付となることが多いので、やはり当面の資金繰りは自分でやる必要があります。

### ⑤リースやクレジットの活用

**リースやクレジット**の活用は、いくらリース料を支払っても所有権はリース会社のままで自分の所有になりませんし、途中解約もできないのが難点といえます。また、対象となる物（車や機械など）も限られています。ただし、すべてを銀行の融資に頼るのではなく、リースやクレジットで調達可能な物はそれで対応するのも有効です。

## 資金調達方法に関する企業の意識

### もっとも重視する資金調達手段

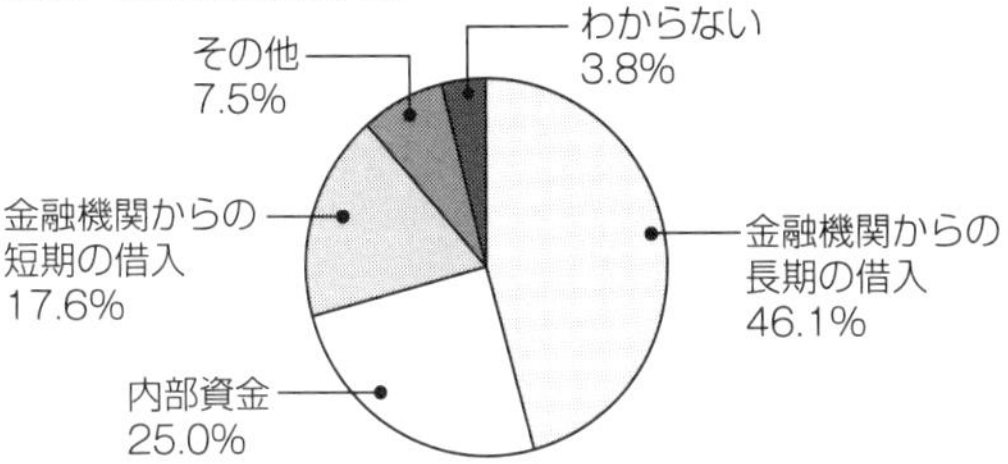
わからない
3.8%
その他
7.5%
金融機関からの
短期の借入
17.6%
金融機関からの
長期の借入
46.1%
内部資金
25.0%

### もっとも重視する資金調達手段（規模別）

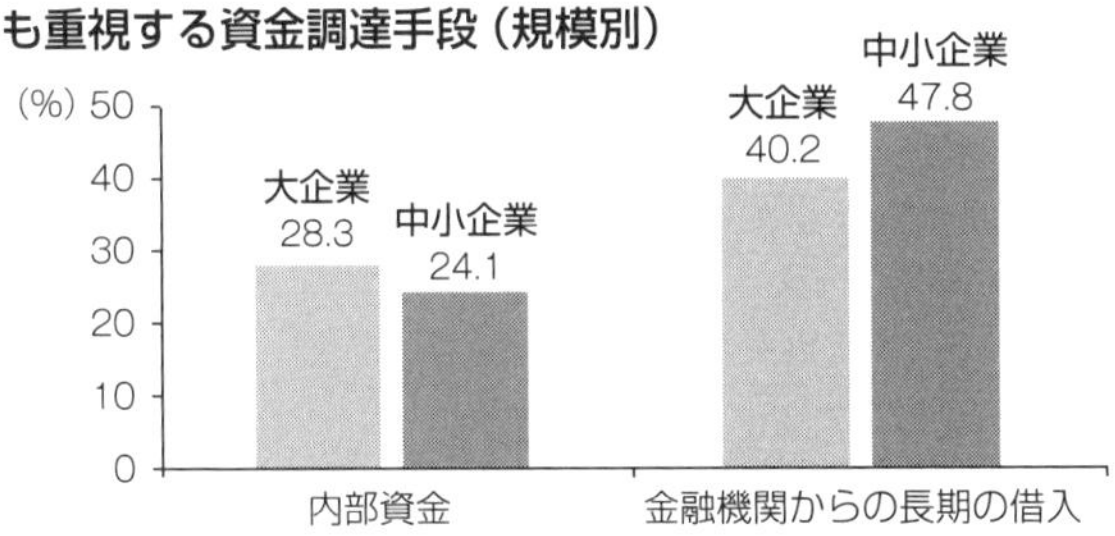
(%) 50
40
30
20
10
0
大企業
28.3
中小企業
24.1
大企業
40.2
中小企業
47.8
内部資金
金融機関からの長期の借入

### 金融機関からの資金貸出に関するアプローチの有無

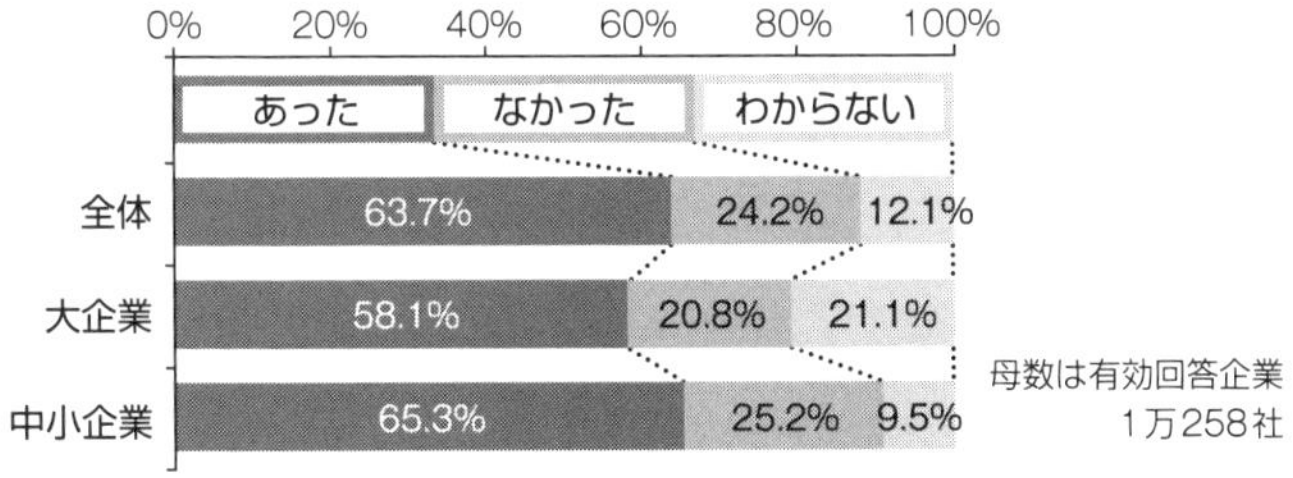
0%
20%
40%
60%
80%
100%
あった
なかった
わからない
全体
63.7%
24.2%
12.1%
大企業
58.1%
20.8%
21.1%
中小企業
65.3%
25.2%
9.5%
母数は有効回答企業
1万258社

**中小企業にとって金融機関からの資金調達は欠かせない。**

＊いずれも帝国データバンク「特別企画：資金需要に関する企業の意識調査」を基に作成。
調査期間は2014年3月18日〜31日。

# 7 雨の日に傘を貸さない？ 銀行の使命とは？

## ↓銀行はいつでも借りてくれる企業を探している

やはり資金調達先としては**銀行**が一番現実的です。しかし、銀行に対してあまり良いイメージを抱いていないという人は少なくないのかもしれません。

とくに多いのが、「銀行は雨の日に傘を貸さない」というイメージでしょう。雨の日、つまり景気が悪くなってきたときには銀行は貸してくれない、という意味で使われる言葉で、景気が悪化してこちら（企業）が資金繰りに困って銀行に借りにいくと素っ気ない態度をされることを皮肉ったわけです。しかし、それは今は昔のことです。

現在の銀行は「雨の日に傘を貸さない」なんてことはありません。なぜなら、**信用保証協会の保証付き融資**（↓１００ページ）の中には、景気が悪化した際だけの専用の融資などがあるからです。

銀行が雨の日に傘を貸さないといわれたのは、信用保証協会の保証付き融資が十分に行われていなかった20世紀、昭和のころのことです。

とはいえ、銀行が資金繰りに困ったときの駆け込み寺ではないことは、今も昔も変わりありません。銀行の融資審査の仕組みを知り、景気の変化によく気をつけて対処すれば、銀行は雨の日でも傘を貸してくれます。

## ●――銀行の貸し渋りや貸し剥がしはもはや死語？

20世紀の終わりから21世紀にかけて、銀行の融資の姿勢に関して、**貸し渋り**だの**貸し剥《は》がし**だのといわれていた時代がありました。

先に貸し剥がしを説明しますと、融資の返済期限の前に、銀行が融資先に返済を迫ることです。返済期限の前に返済する必要も義務もありませんから、もちろん強制力はありません。

それに対して、貸し渋りは、文字どおり貸すのを渋るということですが、貸すかどうかを判断するのは銀行の自由なので難しいところではあります。

経営者の感覚とすれば、業績が悪化しているわけでもないのに融資に応じてくれない、貸すのを渋っている！となったわけです。

現在では、銀行の監督官庁である**金融庁**から、融資先にそうした誤解を招くような行為をしないよう厳しく指導されています。つまり、今日では、貸し渋りや貸し剥がしはもはやありえないといっていいのです。

それでも、**同じような業績であっても、「借りられる会社」と「借りられない会社」があるのは**現実です。

第1章以降は、「借りられる会社」になるためのノウハウを説明していきます。前述したように、銀行から融資を受けられるようになることが、資金繰りでとても重要なことになるからです。

## 返済額をゼロにしてもらうこともできる！

資金調達でもっとも気がかりなのは返済です。

借りたら返さなければならない。返済に苦労するくらいなら、最初から借りないほうがいい……。

借金をするのは、誰だって気持ちのいいものではないでしょうが、これが資金調達の判断を遅らせる最大の心理的要因でしょう。

判断が遅れたばかりに、本来は助かる道があったにもかかわらず、倒産してしまうのです。

しかし、本書を読むことで、そうした借金へ対する心理的負担を皆さんに取り払っていただきたいと思います。

## 借金も銀行も怖くない！

そもそも、銀行からの融資に限っては、**万が一返済が苦しくなった場合は、返済を一時的にストップしてもらったり、少なくしてもらったりすることができる**のです。

初めて知ったという方は、もう一度お読みください。決して私の書き間違いでも、あなたの読み間違いなどではありません。これについては、第5章で詳しく説明します。

もちろん、返済をストップしてもらうことは、簡単にできることではありません。ですが、その交渉のコツは、じつは融資を受ける際のコツとさほど違いはなかったりもします。

## コラム 0　給料日までの生活費が運転資金

サラリーマンの方に運転資金を理解していただくためにわかりやすいたとえを使うと、給料日までの生活費分のお金ということになります。

給料日は 20 日とか 25 日が一番多いのかな？　つまり、今月の給料っていうのは来月の生活費じゃないですか。

会社経営の資金繰りを理解する際には、この給料日をそのまま売上の入金日と置き換えて考えてもらってかまいません。

そう考えると、学校を卒業して初月給をもらうまでの生活費とか、どうしていたんだろう？　親から出してもらっていたのかな？　これを会社経営に置き換えたら、出資？

アルバイトで自分で貯めていたら自己資金ってことになる。

新たにアパートやマンションなどを借りたりしたら、それは設備投資となる。その際の敷金や保証金は会社や事業の場合は「経費」にならない。

通勤などで車が必要で買った場合も設備投資になるが、車などの場合は減価償却することができる。

さて、もし会社から、給料をアップするけど給料日を末締めの翌月払いにすると言われたらどうします？

これを売上（給料）増加運転資金といいます。

第1章

# これだけは押さえておきたい資金繰りの基本

意外と知らない&勘違いしやすい資金繰りの基本を説明します。

# 1 なぜ資金繰りのために経理や会計の勉強が必要なのか？

## 資金繰り、資金調達には会計用語の理解が不可欠

資金繰りの理解と資金調達には、経理、会計などで使われる専門用語の最低限の理解が必要です。たとえば、すでに前章に出てきましたが、**掛売り**という言葉もその1つです。掛売りとは、販売したけれど(売上)、売上代金の入金は1カ月以上先になることをいい、その入金されていない状態の代金のことを**売掛金**といいます。この売掛金を理解していないばかりに、たとえ決算書や損益計算書上で黒字になっていても、支払いが間に合わないなんてことになって倒産するという**黒字倒産**が起きてしまうのです。

資金繰りの状況を理解し、資金調達の交渉の際には、こうした会計の専門用語を使って説明することを求められます。そもそも資金不足になる原因は、決算書や試算表といった会計資料の中に隠されているのです。

本章では、そうした会計資料などを基に、会計用語を使った資金繰り状況の理解の仕方、資金調達の際に気をつけなければならないことについて説明していきます。資金不足の原因によって、調達方法も変わってきます。せっかく資金不足の原因がわかっても、調達方

法を間違えば、ますます資金繰りは苦しくなったりするのです。

## 経理や会計の最低限の知識が必要なワケ

相談窓口
どうして融資が必要なのですか？
銀行員
お金が足りないからです
相談窓口
なぜお金が足りなくなったかを説明してくれないと融資できません…
銀行員と対等に交渉するためにも、本書を読んで勉強しよう！

## 2 損益計算書で資金繰りを考えるのが間違いのもと

### ➡損益計算書の順番どおりにお金は出入りしない

**損益計算書**を見て資金繰りを考える経営者は多いことでしょう。それは決して間違いではないのですが、注意が必要です。ある勘違いをしたまま損益計算書を見てしまうと、資金繰りを悪化させてしまうことになってしまいます。さて、それはどんな勘違いなのでしょうか？

損益計算書に記されている項目の順番は、上から売上高から売上原価を差し引き、販売費及び一般管理費を差し引き……という足し算と引き算の順番のことです。会社経営、事業経営の場合は、この損益計算書のように、売上の計画や原価や経費などの数字を決め、目標にしていることが多いでしょう。実際に、私もコンサルタントとして、クライアントである会社に対して損益計画の作成指導を行ったりもします。

もちろん、損益計画の最終目標は黒字、この計算式の最後がプラスになることです。しかし、資金繰りの計画は損益計画のとおりというわけにはいきません。損益計算書という表の性質上、売上高を一番先（表では上）に持ってきているだけで、必ずしも売上高がお金として最初に入金されるとは限らないのです。**損益計算書の順番どおりにお金が出入りするわけではない**ということを、しっかりと理解しておいてください。

### 損益計画≠資金繰り

**損益計算書**

| | |
|---|---|
| 売上高 | 400万円 |
| 売上原価 | ▲300万円 |
| 売上総利益 | 100万円 |
| 人件費 | 70万円 |
| 経費 | 10万円 |
| 販売費及び一般管理費 | 80万円 |
| 営業利益 | 20万円 |

資金繰りを考える際は、上から下にお金が出入りすると考えてはダメ！会社や業績によって、お金の出入りの順番は違ってくる。

**もちろん利益を出すことは重要だが、その過程（資金繰り）も非常に大事！**

## 3 なぜ1カ月分の最低売上金が必要なのか？

売上と同じくらいの費用が発生するから

損益科目のどの順番でお金が出入りするのかは、それぞれの会社によって違ってきます。

しかし、ほとんどすべての業種、会社に共通する事実をここでお伝えしましょう。

**およそ1カ月の売上と同じくらいのお金が手元に必要**です。手元というのは、月末の預金残高と会社やお店の金庫（あるいは社長や奥さんのカバン？）の中にあるお金の合計のことです。

その理由は、今月末にお金がなければ、来月の支払いができないからです。1カ月分の売上と同じくらいのお金が必要な理由は、もし損益計算の計画（ここでは予想でも見込みでも意味は同じ）どおりであっても、ほぼ売上と同じくらいの費用の支払いが発生するはずだからです。

もし、月末に1カ月の売上と同じくらいのお金がなかった場合は、新たな売上の入金を待たないと、支払いをすることはできません。この前提は、1カ月という期間で、損益計算書どおりに、お金が出入りするという前提のもとなので、最低限必要だという意味です。

## 最低1カ月の売上を用意しなければならない理由

もし、1カ月分の売上のお金がなかったら……

| | 入金 | 支払い | 残高 |
|---|---|---|---|
| 1日 | | | 0円 |
| 2日 | | | 0円 |
| 3日 | | | 0円 |
| … | | | 0円 |
| 20日 | | 給料や仕入れ<br>など380万円 | ▲380万円 |
| … | | | |
| 月末 | 売上入金<br>400万円 | | 20万円 |

支払いが発生した時点でアウト！

理想

| | 入金 | 支払い | 残高 |
|---|---|---|---|
| 1日 | | | 400万円 |
| 2日 | | | 0円 |
| 3日 | | | 0円 |
| … | | | 0円 |
| 20日 | | 給料や仕入れ<br>など380万円 | 20万円 |
| … | | | |
| 月末 | 売上入金<br>400万円 | | 420万円 |

月初には最低でも1カ月分の売上を用意する！

残高を翌月の支払いのためにあてられる。

## 4 売上が先か？　仕入れの支払いが先か？

### 在庫資金と仕入れ資金を理解する

「卵が先か鶏が先か」というのは永遠に解けない疑問ですが、資金繰り上の問題である「売上が先か仕入れの支払いが先か」は、すでに答えが出ています。

わかりやすいようにスーパーマーケットなどの小売業で考えてみます。当然、お店を開店する前には、商品を並べなければなりません。ということは、お店の開店前に市場や問屋などに出向いて、商品を買ってこなければなりません。つまり、仕入れのお金を支払うのが先になるということです。

仮に、お店に並べる商品の総額が５０００万円だったとしましょう（たとえなので５００万円でも５０００万円でも意味は同じ）。このお店に並べておく商品のことを**在庫**といいます。前節の手持ち金と同じで、お店を始める前には商品（在庫）を並べておく必要があります。そして、お店に並べた在庫相当分のお金（ここでは５０００万円）は、永遠に在庫のままです。

なぜなら、たとえ売れたとしても、売れた分だけの補充をするわけですから永遠に在庫相当分のお金は在庫のままです。この在庫のために必要なお金のことを**在庫資金**といいます。

在庫資金と区別して覚えておきたい言葉として、**仕入れ資金**（仕入れ支払い資金）があります。

## 在庫資金とは？　仕入れ資金とは？

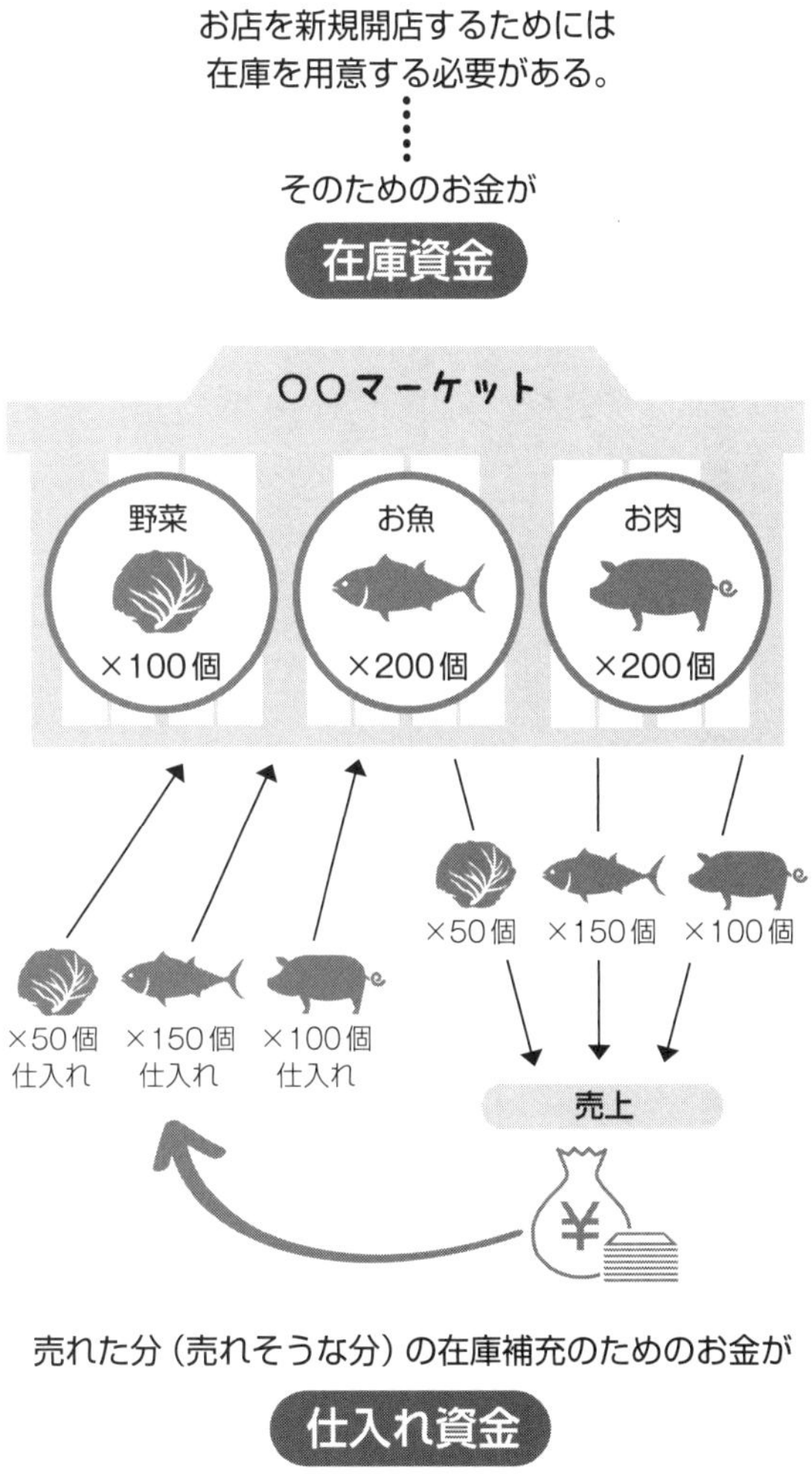
お店を新規開店するためには
在庫を用意する必要がある。
そのためのお金が
在庫資金
○○マーケット
野菜
×100個
お魚
×200個
お肉
×200個
×50個
×150個
×100個
×50個
仕入れ
×150個
仕入れ
×100個
仕入れ
売上
¥
売れた分（売れそうな分）の在庫補充のためのお金が
仕入れ資金

たとえば、在庫５００万円の中から、３００万円分が売れたとしましょう。常にお店には５００万円分の商品を並べておかなければならないとすれば、売れた３００万円分を新たに仕入れなければいけません。もし、売れた代金の入金がまだだったとしたら、どうやって新たな仕入れの支払いをしたらいいのでしょうか？　手持ち資金がなければ（足りなければ）新たに仕入れをすることはできません。ということは、新たに仕入れ支払い用のお金として、３００万円のお金が出ていくことになります。この在庫補充のための仕入れに必要なお金のことを、仕入れ資金というのです。

50ページで説明したように、1カ月の売上分くらいの手持ち資金を用意することができれば、この場合でも仕入れ資金はありますから大丈夫です。しかし、もし用意することができなければ、この段階で資金調達、銀行などからの融資を考えなければなりません。

### ◉売れてから仕入れるのではなく、売れるのを見越して仕入れる

用意した在庫の中から、売れた分（在庫が減った分）だけを仕入れるのであれば、そんなに難しい話ではありませんが、実際には在庫がなくなって（売れて）お店の棚が空っぽになってから仕入れたのでは遅いのが現実でしょう。

前項の場合、もし在庫が４００万円くらい売れそうだなと見越して仕入れてしまってい

## 損益計算書で見る仕入れの難しさ

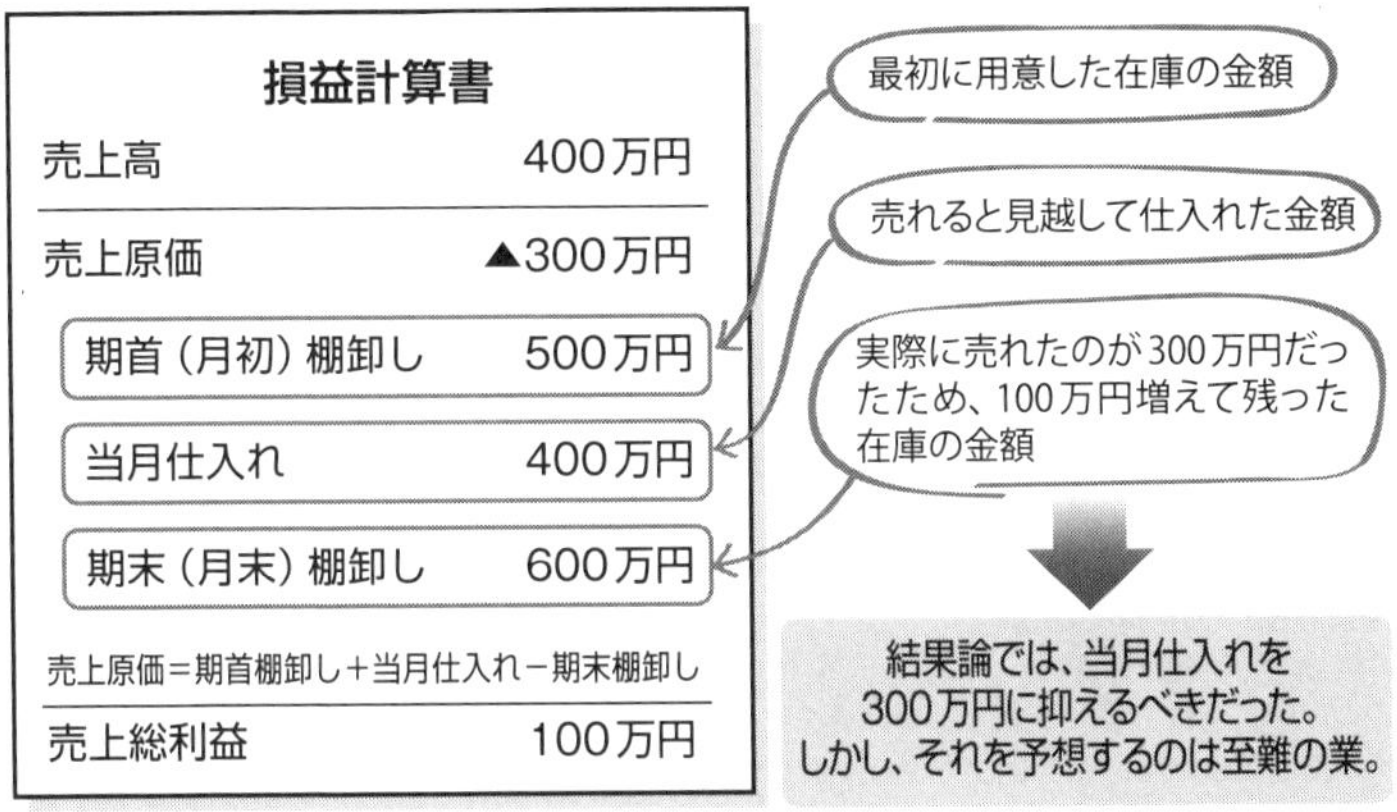
損益計算書
売上高　400万円
売上原価　▲300万円
期首（月初）棚卸し　500万円
当月仕入れ　400万円
期末（月末）棚卸し　600万円
売上原価＝期首棚卸し＋当月仕入れ－期末棚卸し
売上総利益　100万円
最初に用意した在庫の金額
売れると見越して仕入れた金額
実際に売れたのが300万円だったため、100万円増えて残った在庫の金額
結果論では、当月仕入れを300万円に抑えるべきだった。しかし、それを予想するのは至難の業。

たとしたらどうなるでしょうか？　しかし実際に売れたのは３００万円だけです。これを、損益計算書で表示したのが上の図です。

期首棚卸し５００万円というのは最初に用意した在庫のことです。当月仕入れ４００万円というのは売れると見越して仕入れした金額です。期末棚卸し６００万円というのは、実際に売れたのは３００万円だったので、在庫が１００万円増えたことになります。

これが、損益計算書どおりにお金が出入りするわけではないということです。もちろん、この逆に仕入れが少なくなることもありえるでしょう。

# 5 買掛金とは何か？

## ツケで仕入れをすると資金繰りはますます複雑に

本章の冒頭で**売掛金**についても説明しましたが、**買掛金**についてもメリットとデメリットを整理しておきましょう。似たような言葉ですが、正反対の取引であり、支払っていない代金のすべてが買掛金（仕入れ以外は未払金）ではありませんので、区別して覚えておきましょう。

仕入れた代金でまだ支払ってない金額のことを買掛金といいます（これを売る側では売掛金という）。決算書や試算表の買掛金の数字がそれです。継続的な取引上の慣習として、ごく日常的に行われています。

本来であれば、売る側・買う側、お互いに現金でそのつど取引するのが望ましいのですが、そうすると現金を持ち歩き、領収書なども商品と代金の受け渡しごとに発行しなければなりません。現金を持ち歩く危険性と、領収書発行などの事務作業の軽減の意味もあり、売る側・買う側双方の信頼性のもとに、掛け取引が行われているのです。

当然、資金繰り上のメリットも発生します。52ページの在庫資金や仕入れ資金の支払いを1カ月後にすることも可能になりますので、その分の資金繰りが楽になります。とはいえ、資金繰り上の効果は取引最初の1カ月目だけで、取引が継続すれば、その後は毎月支払いが発生し、よけい資金繰りを複雑にしてしまうデメリットが生じます。

## 掛取引とは何か？

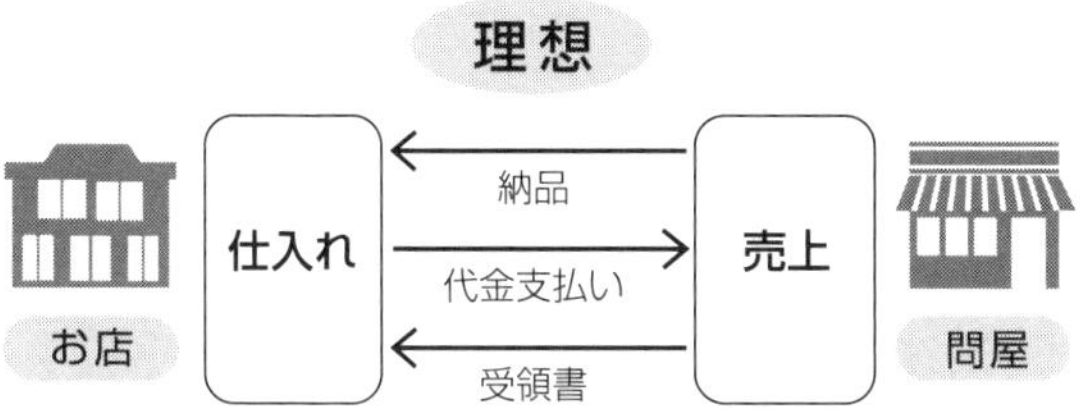

理想
お店
仕入れ
納品
代金支払い
受領書
売上
問屋


売る側と買う側がそのつど現金で取引するのがわかりやすいし望ましいが、現実的には難しい。

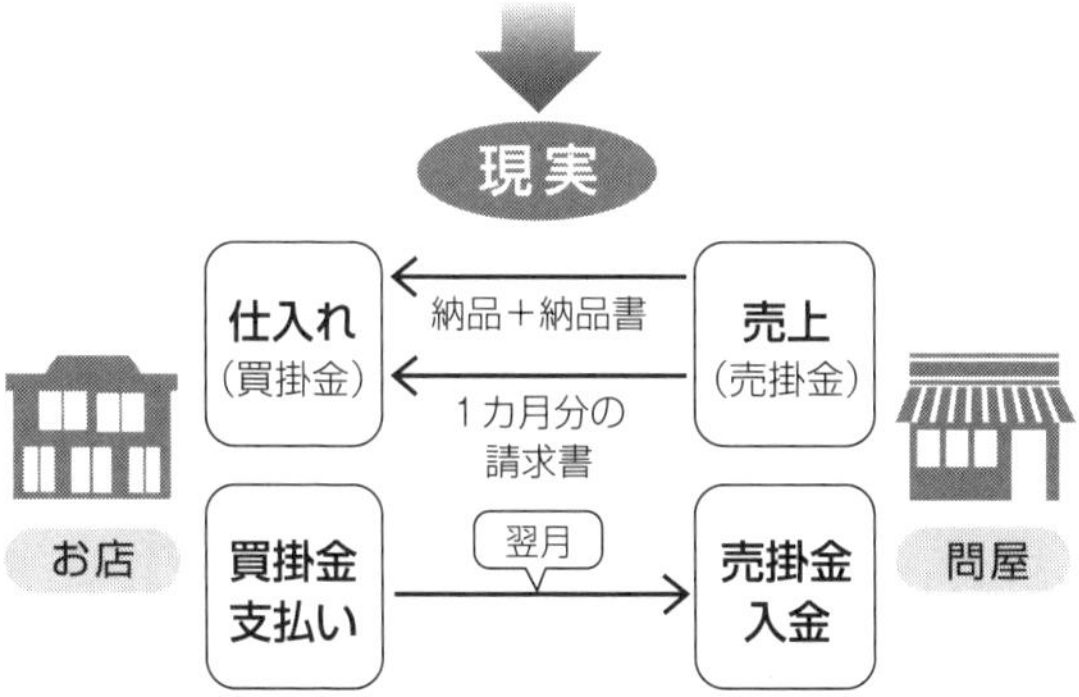

現実
お店
仕入れ
（買掛金）
納品＋納品書
1カ月分の
請求書
売上
（売掛金）
問屋
買掛金
支払い
翌月
売掛金
入金


双方の信頼のもとに、一定期間の取引をまとめて決められた期日に決済する。

**掛取引のメリット・デメリット**

- 現金を持ち歩くことのリスク回避。
- 何枚もの領収書の発行など事務作業の軽減。
- 資金繰りが複雑になる。

# 6 運転資金の計算方法とは？

## 掛売りによって支払いに必要になる資金が運転資金

仕入れ代金を買掛取引（ツケ）にすることができれば、さしあたって資金の必要性はなくなるような感じがします。しかし、それで本当に資金繰りが楽になるのでしょうか？

お店を始めて1カ月目という前提で考えてみましょう。在庫は自己資金で用意できたとすると、1カ月目は仕入れをしても支払いの必要はありません。とすると、支払いに必要な資金は、その1カ月のうちに支払う必要のある人件費と経費だけです。お店を開業する時点で、およそ1カ月分の人件費分と経費分の手持ち資金を用意すれば、お店の資金繰りをしていくのになんら不足はないことになります。

では、50ページに書いた「およそ1カ月の売上と同じくらいのお金が手元に必要」と書いたのはウソだったのでしょうか？

それは、売上の入金状況次第です。もし、仕入れはツケで、売上は現金販売ということであれば、開店した1カ月目の終わりには、1カ月分の売上が現金として残りますので、2カ月目以降は資金繰りの心配はなくなります。

しかし、もし売上も掛売りで翌月入金の場合はどうでしょうか？　当然、**運転資金**が必要になります。

## ●間違った運転資金の計算方法

必要な運転資金を個別に考えるのではなく、計算によって求める方法が間違った常識として知られています。運転資金の計算方法として、「売掛金＋在庫－買掛金＝必要運転資金」という計算式がありますが、これは現実的とはいえません。

売上がすべて掛売り（売掛金）で、仕入れもすべて掛仕入れ（買掛金）という前提だとすると、この計算式の意味は、仕入れ以外の費用（人件費や経費）と在庫分の資金が運転資金として必要だということになります。すると、仮に売掛金や買掛金がゼロで、在庫を持たない業種（在庫もゼロ）という場合にはこの計算式の答えはゼロ、つまり運転資金は必要ないということになってしまいます。さらに、売掛金や在庫はゼロなのに、買掛金があった場合、この運転資金を求める計算式の答えはマイナスになってしまいます。必要な運転資金がマイナスとはいったいどういうことなのか私には想像すらできません。

というように、**売掛金や買掛金など会計の数字だけを使った計算を暗記することで、企業にとって必要な運転資金を求めようとするのは現実的ではなく危険**とすらいえます。

# 7 締め日と支払い日の本当のサイトとは?

## 支払いサイトは1カ月をプラスして考えよう!

前節の掛け取引の場合の1カ月サイトというのは、あくまでもカレンダー上のことです。もし、月末締めの翌月払いだったとしたら資金繰りはどうなるでしょうか?

まるまる2カ月分の入金がないことになります（反対に支払いも2カ月分ないことになるが）。たとえこの場合であっても、人件費や経費などの支払い資金として、その2カ月分の資金を持っていないと支払えないこととなります。

さらに、現実的に想像してみましょう。入金されるであろう2カ月目の月末に、先に売掛金の入金がされないと、同じ日のうちに買掛金の支払いができないことになります。ここでありがちなのが、だったら、**支払いサイト**をさらに10日延ばそう!という思い付きです。月末締め翌々月10日払いという変則的支払い契約です。

たしかに、資金繰りは解決しそうですが、どんどん複雑化していきそうです。それに、こうした支払いサイトの延長は相手方との合意が必要であり、相手方に自分の資金力がないことを教えることになりかねません。もし1カ月サイトの支払いが難しい場合は、金融機関からの資金調達を検討すべきところです。

## 締め日と支払いサイトの考え方

**月末締め翌月払いの場合**

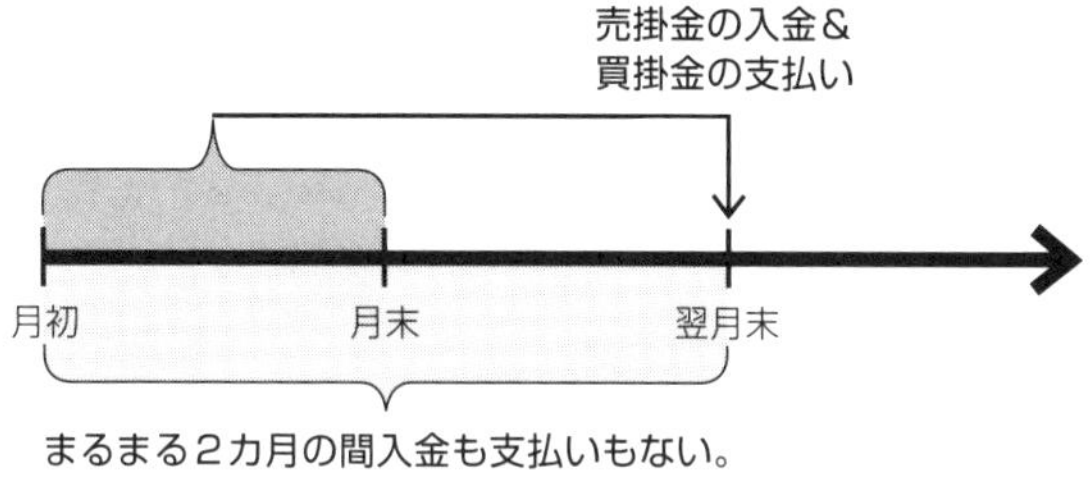
売掛金の入金＆
買掛金の支払い
月初
月末
翌月末
まるまる２カ月の間入金も支払いもない。

**しかし、２カ月分の人件費や経費の支払い資金は必要。**
**入金が遅れると支払いも遅れる。**

**月末締め翌々月10日払いの場合**

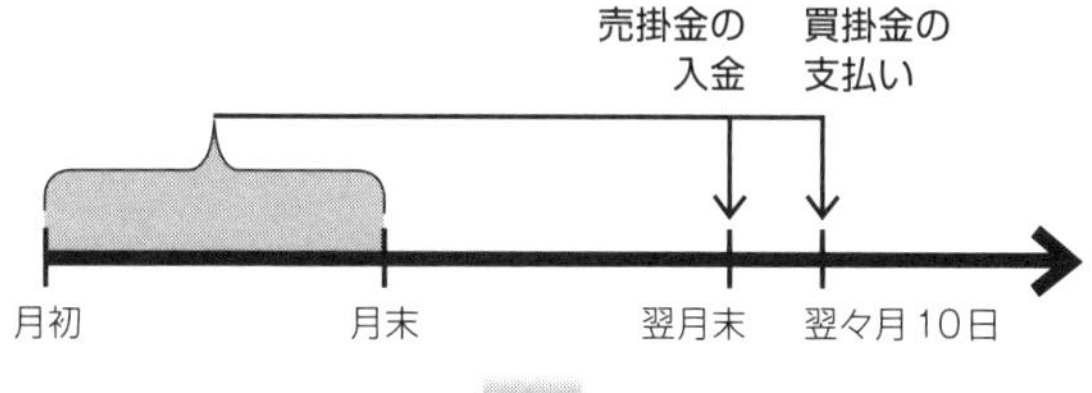
売掛金の
入金
買掛金の
支払い
月初
月末
翌月末
翌々月10日

**入金と支払いの問題は解決しそうだが、**
**資金繰りは複雑化。**
**金融機関からの資金調達を検討すべき。**

# 8 なぜ売上が増えるほど資金が足りなくなるのか？

## ↓増えた売上金を回収する前にさまざまな経費も急増！

「資金繰りが苦しいのは利益が足りないから……利益を増やすには**売上**を増やすしかない！」

　これはけっして間違いではありません。しかし、やはり先立つものは支払いです。

　通常は、売上が増えれば仕入れも増えますし、人件費や経費も増えるでしょう。ということは、前項までの必要な資金の計算が、売上が増えた分だけ増えるということです。これを**増加運転資金**といいます。

　もし、大口の販売先などを開拓した場合には、売上の増加を喜ぶ前に、急いで資金繰りの検討をしなければなりません。資金調達が必要な場合には、契約をする前に、金融機関などからの融資交渉をしないと、それこそ倒産しかねない事態になりかねません。

　しかし、小売業などの場合には、売上を増やすには店を増やすしかない！とか、製造業の場合には工場を広くしたり新たな機械を導入する必要がある！という場合もあるでしょう。

　次項からは、そうした**設備投資**について説明していきます。

## 急激な売上UPが資金ショートを起こす理由

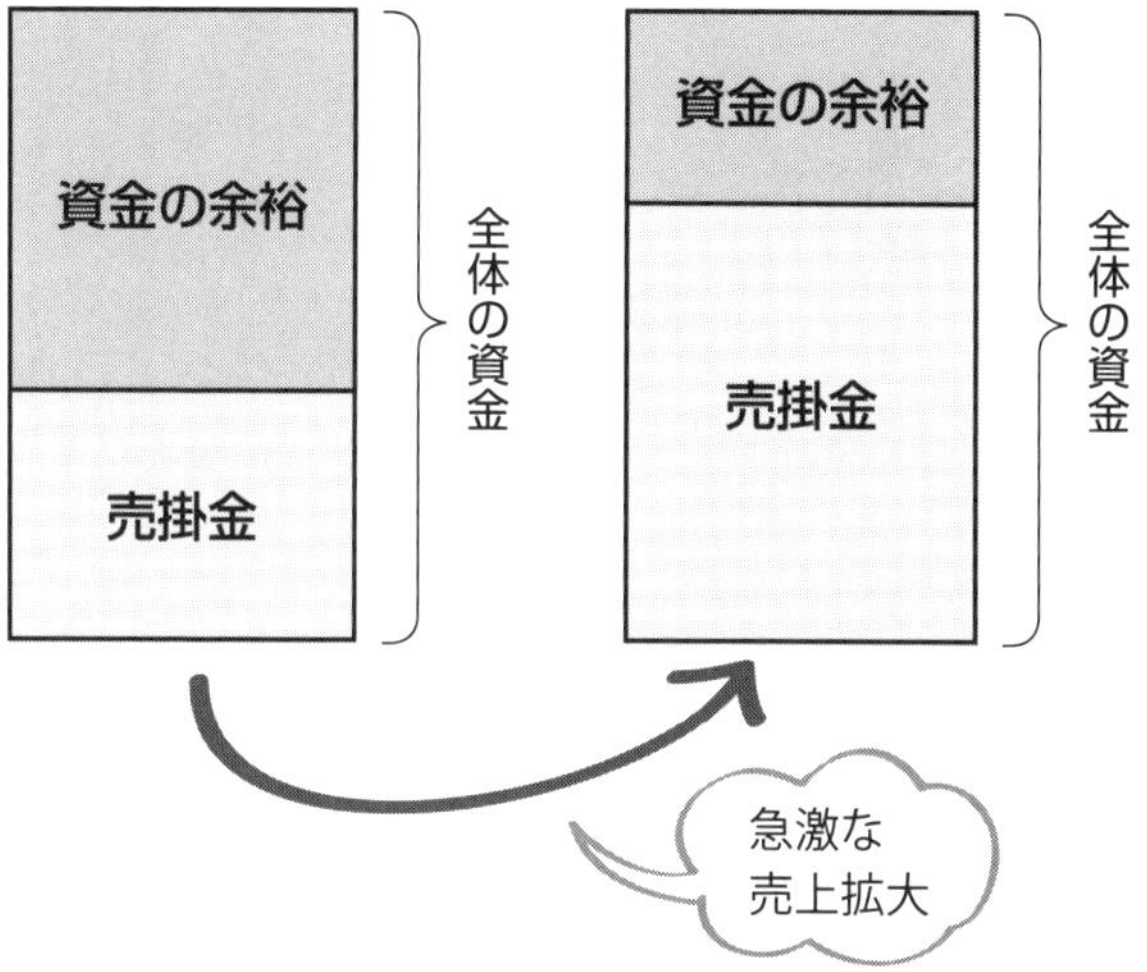


◎売上が増加すれば商品の仕入れなども増加→支払いも増加。

◎損益計算書上は利益が出ても、売掛金の入金と買掛金や経費の支払いのタイミングのズレで資金ショートの危機に。

対策としては…

**取引先への商品代金や経費の支払い条件の見直し。**

**銀行からの借入。**

# 9 設備投資と減価償却費の仕組みを理解しよう

## 設備投資費を一度に支払うのは非常に危険

本書をお読みになっている方はたとえ同じ経営者や個人事業主でも業態はさまざまなはずです。もちろん、資金繰り方法は個別に変わってくるかもしれませんが、基本は同じです。資金繰りを間違えない最大のコツは、物事の順番どおりに考えてみることです。

前節までの例としてお店（小売業）で説明しましたが、じつはほぼすべての業態で共通していることとして、仕入れよりも先立つ**設備投資**が必要となります。仮にお店をやる以上、お店を借りなければなりませんし、陳列棚や内装や看板なども必要になってくるでしょう。

お店を借りる際の敷金や保証金なども含めて、これら一切に必要な資金のことを**設備資金**といいます。これらにかかる費用は、小額費用の一部を除いて、損益計算書のどこにも記載されません。どこにも記載されないということは、売上高から差し引くことができないということです。

1年の途中で、新たに機械などを購入した場合なども同様で、売上から差し引いて計算

あらゆるビジネスに共通している設備投資の必要性

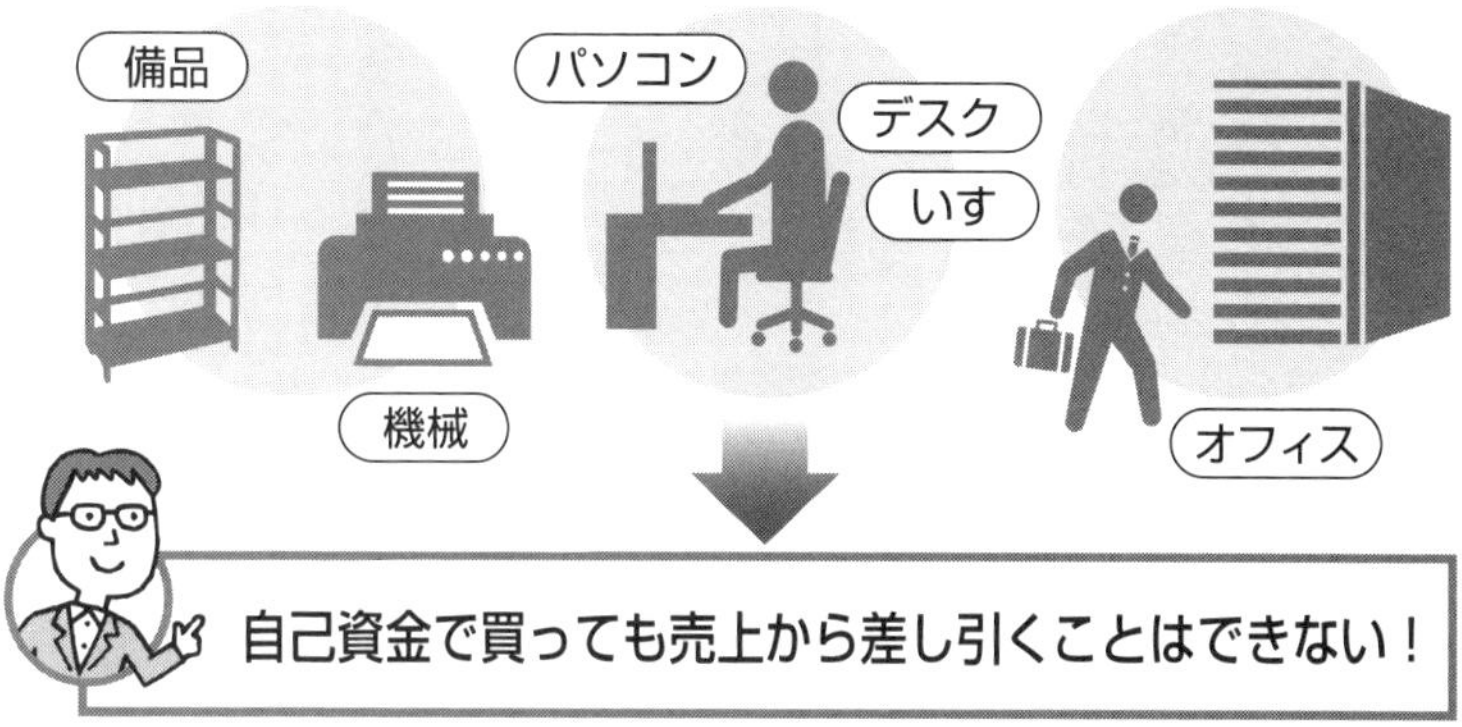
備品
パソコン
デスク
いす
機械
オフィス
自己資金で買っても売上から差し引くことはできない！

することはできません。では、こうした設備投資はどのように処理されるのでしょうか？

### ● 税務上の耐用年数で年々費用化する

設備投資にかかった費用は、いったん**固定資産**として計上されます。こうした高額な設備投資などに関しては、税務署では**耐用年数**を決めていて、その耐用年数で設備投資にかかった費用を年々減らして費用化していきます。これを**減価償却**といい、減らしていく数字のことを**減価償却費**といいます（耐用年数に関しては、国税庁のサイトで詳しく調べることができる）。

たとえば、お店の内装費用に１０００万円かかったとして、その耐用年数が10年だったとしましょう。簡単にいうと、１０００万を10年で割り、年に１００万円ずつ内装費用を減らして、減価償却費としてほかの費用と同様に売上から差し引くことができます。この減価償却費は、ほかの費用と違ってお金が出ていかない費用です。

ここで気をつけなければならないのは、**設備投資にかかった高額な費用すべてが、減価償却できるわけではない**ということです。

## ◉減価償却できない設備投資に気をつけよう

減価償却できるかできないかの考え方の目安は、買った物、支払った対象が、年数の経過によって減るか減らないか、お金として戻ってくるか戻ってこないかです。

お店や事務所などの賃貸契約の際の、敷金や保証金など、契約解除の際に戻ってくる契約になっている費用は、減価償却の対象になりません。

フランチャイズ契約などの販売契約における加盟金なども、後日返金される契約のものは、減価償却の対象にはならないことが多いので、事前に調べておく必要があります。

そして、事業用の資産（固定資産）として、減価償却できない代表例は土地です。お店、本社屋、工場、倉庫……その使い道に限らず、土地は減価償却の対象になりません。また、マンションなどの場合も、その購入価格の中には土地相当分の権利の価格が含まれていますので注意が必要です。

では、なぜ減価償却できない設備投資には注意が必要なのでしょうか？

## 減価償却とは？

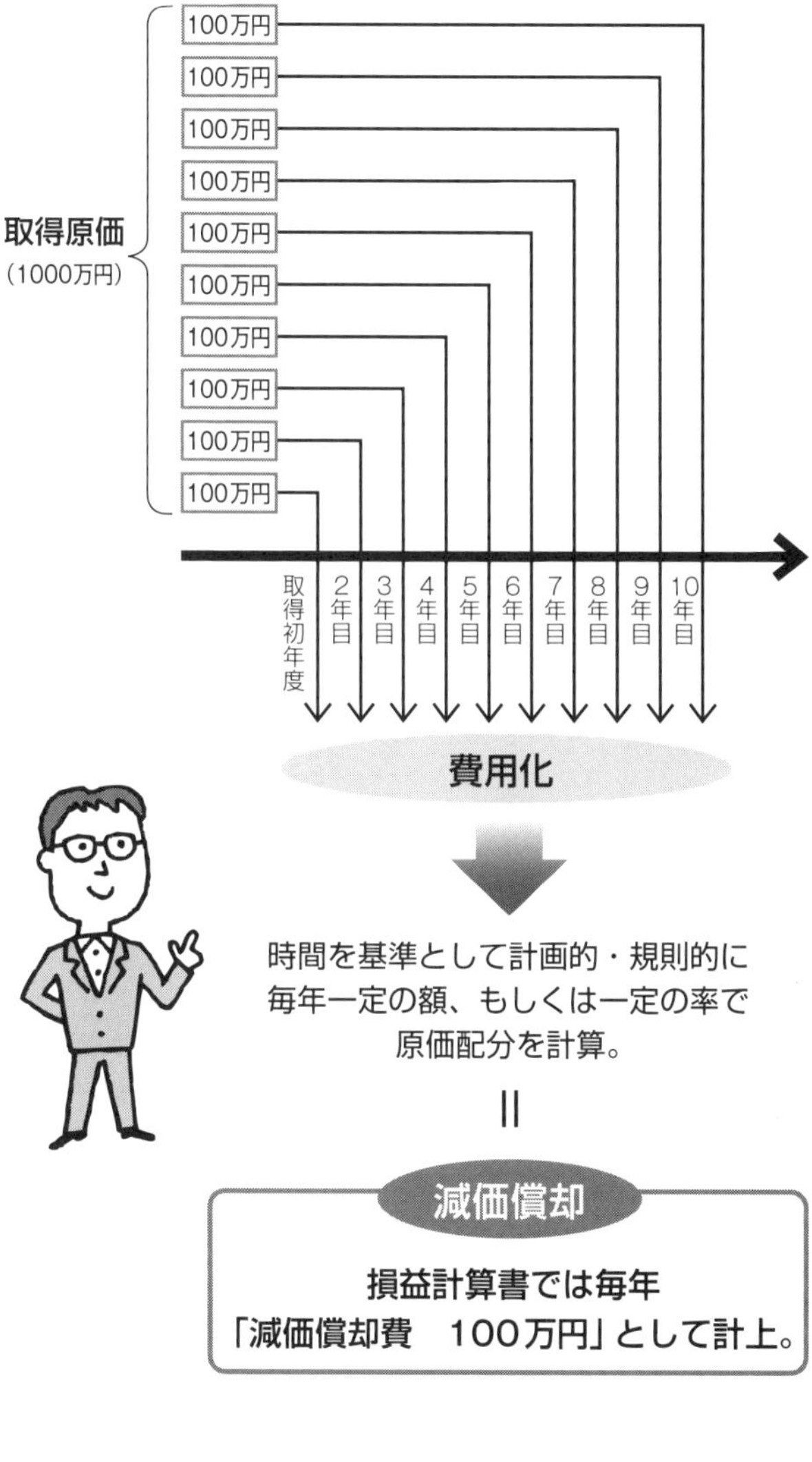

取得原価
（1000万円）
100万円
100万円
100万円
100万円
100万円
100万円
100万円
100万円
100万円
100万円
取得初年度
2年目
3年目
4年目
5年目
6年目
7年目
8年目
9年目
10年目
費用化
時間を基準として計画的・規則的に
毎年一定の額、もしくは一定の率で
原価配分を計算。
＝
減価償却
損益計算書では毎年
「減価償却費　100万円」として計上。

こうした設備投資をする際には、まさに資金調達をして行われることがほとんどでしょう。資金調達した以上、返済をしなければなりません。その返済をしていく際に、減価償却できるかどうかで大きく違ってくるのです。

## ◉返済は減価償却費と税引き後利益から

ここで、資金調達（借入）の返済の原則を2つ説明します。

1つ目は、何かを売って（換金して）借入の返済をする。何かというのは、会社の資産の中の何かです。

2つ目の方法は、設備投資を運用することで得た利益の中からです。

返済方法はこの2つのうち、どちらかしかありません。そして、1つ目の方法と2つ目の方法に共通していえることは、利益には**税金**がかかるということです。

1つ目の方法の場合は、もし固定資産を売却（換金）して**利益（固定資産売却益）**が出た場合には、会社本来の利益**（経常利益）**と合算の上、**法人税**がかかります。この法人税を差し引いた利益のことを**税引き後利益（純利益）**といいます。そして、経費の中でお金の出ていかない減価償却費と足したものを償却前税引き後利益といいます。

つまり、**減価償却のできない設備投資をする場合は、その運用で得られた利益に対し税**

**金（法人税）を払ったあとで返済できるかどうかの検討が必要になる**のです。

## 減価償却できない設備投資をしてしまうと…

**例題**

◎テナント保証金として1000万円借入
◎返済期間は10年
◎毎年100万円の返済
◎法人税率40%

**という場合に必要な利益は
いくらになるか？**

シンプルに計算すると…

$$x\text{（利益）}-x\text{（利益）}\times 0.4\text{（法人税）}=\underset{}{\overset{①}{100}}\text{万円}$$

$$x-0.4x=100\text{万円}$$

$$0.6x=100\text{万円}$$

$$x=100\text{万円}\div 0.6$$

$$x=166.6\cdots\cdots\fallingdotseq\underset{②}{170}\text{万円}$$

**①少なくとも借入の返済に100万円の税引き後利益が必要。**

**②逆算すると、少なくとも170万円程度の利益が必要という計算になる。**

## 10 資金繰りが難しい要注意業種とは？

季節に左右される業種、製造業、建設業は大変

続いては資金繰りの難しい業種について説明します。

売上として確定するまで数カ月かかるような**製造業**や**建設業**となってくると、不足しかねない資金繰りの計算はなお複雑化し、その金額も大きくなります。

たとえば、一戸建ての住宅を建設する工務店を想像してみましょう。完成引渡しまで3カ月かかるとした場合、現実的には4カ月分の資金が必要となります。

こうした受注業などの場合は、**手付金**や**中間金**として契約者から工事代金の一部を受け取って資金繰りに使うこともできますが、完成引渡しまでは預かり金ですので、できるだけ資金繰りには使わないようにしておくことをおすすめしておきます。いろいろなケースが想定されますので本書では割愛しますが、やはり最低4カ月分の人件費や経費の資金調達の検討は必要です。また、**観光業**や**衣料品販売業**など、季節によって大きく売上が増減する業種などの場合も、それによって資金繰りも大きく変動することで、ある数カ月の間だけ、資金不足に陥るということも起こりえます。こうした場合は、その数カ月間だけの

資金調達の検討が必要とされます。

## 資金繰りが難しい業種

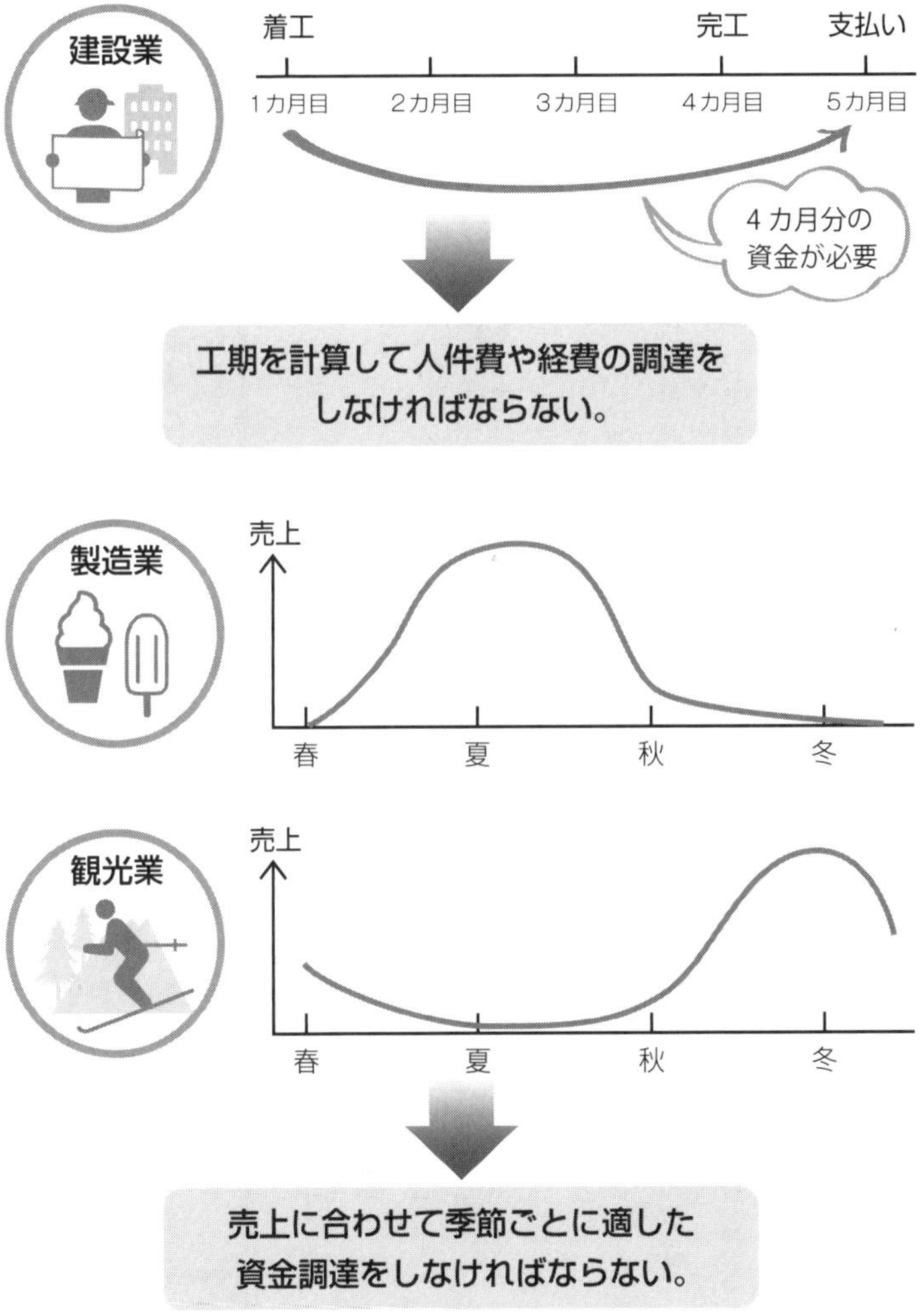
建設業
着工
完工
支払い
1カ月目
2カ月目
3カ月目
4カ月目
5カ月目
4カ月分の
資金が必要
工期を計算して人件費や経費の調達を
しなければならない。
製造業
売上
春
夏
秋
冬
観光業
売上
春
夏
秋
冬
売上に合わせて季節ごとに適した
資金調達をしなければならない。

# 11 損益計算書の利益とは何か？

## 利益と資金繰りの関係

本章では、損益計算書によく出てくる会計用語を使って、より現実的な資金繰り状況について説明してきました。儲かっているかどうか（利益が出ているかどうか）とお金が足りるかどうか（資金繰り）は別々に考えましょうと言ってきました。

では、そもそもその**儲け（利益）**とはいったい何なのでしょうか？

利益とは、事業活動の結果として、残りうる理想的最大の数字でしかありません。完全な現金販売、現金仕入れと経費の支払いで、同じ日の同じ時刻に同時に販売と支払いが行われた場合においてのみ、利益分だけの現金が残るということです。設備投資も必要とせず、在庫も持たず、売れる分だけを仕入れるという前提です。現実的には、ほぼありえない数字なのが利益です。まして、利益には税金がかかりますから、利益が出たことがわかった時点で税金も払うのはなおさら現実性がありません。

しかし、理想的とはいえ、最大の数字ということは、長期的な資金繰りを考えるうえでは、この利益が目安、基準になることは確かです。

## そもそも利益って？　あらためて整理

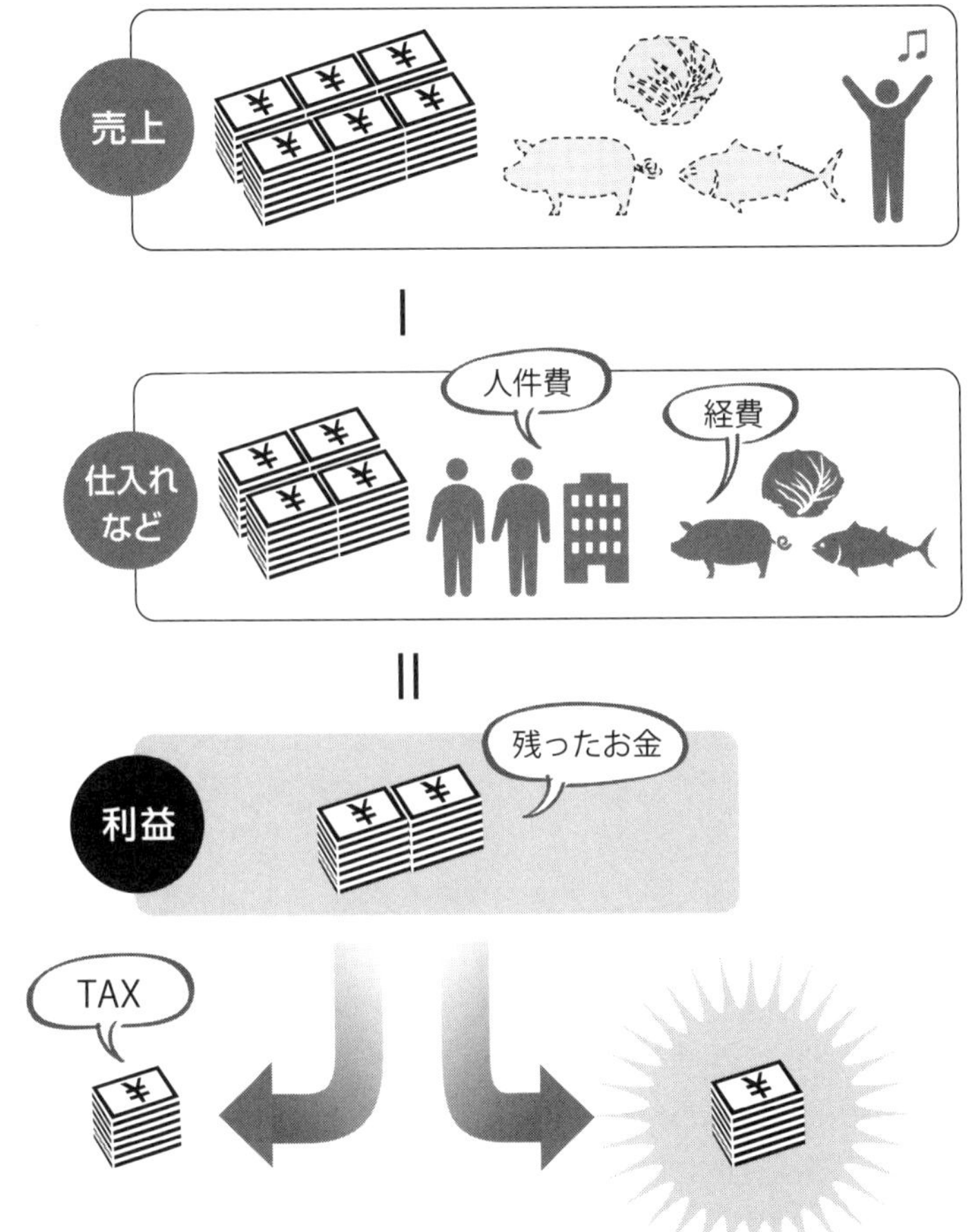


**税金を払った**
**残りのお金が儲けたお金。**

## コラム①　個人事業と会社、融資を受けやすいのはどっち？

　会社勤めをやめて独立、起業する際に迷うのが、個人事業とするか法人（会社）とするかでしょう。

　個人事業と会社のどちらがいいか？

　ズバリ、融資の受けやすさでいうと、会社です。なぜなら、たとえ小規模であろうと、いったん会社にしてしまうと、経営者の生活費と事業のお金は無理やりにでも区別しないといけなくなるので、融資をする銀行としては会社のほうが信用できるのです。

　つまり、個人事業者から融資の申し込みがあった場合は、貸したお金が本当に事業に使われるのか、それとも経営者個人の生活費に使われてしまったりしないかが、貸すほうとしては心配なのです。

　かつては、法人を設立するのに資本金などの制限がありましたが、現在は資本金なしでも会社（合同会社）設立が可能です。しかし、手続きには多少の費用もかかりますし、会社化したあとの税務的な手続きも税理士さんに頼むことになりますから、その後の費用もかかります。

　それゆえ、貸す側の銀行から信用されるということでもあるのです。

第2章

# 借りられるようになるために必要な基礎知識

**借入に関して最低限知っておくべきことを説明します。**

# 1 資金が足りなくなるのは当たり前！ではどうする？

## 資金不足になる前に、どこから調達してくるか考える

これまで見てきたように、事業をやっていれば会計上利益が出ているかどうかに関係なく事業資金が足りなくなるのは当たり前です。だからといって、**会計処理**を無視していいというわけではありません。会計処理と資金繰りというのは密接な関係があります。とくに、税金の面では資金繰りと関係がかなり出てきます。

事業をやっていれば、売上代金はなかなか回収できないにもかかわらず、在庫や設備のために資金が必要になります。さらに、現金が残っていないので全然儲かっている実感はなくても、決算をすると利益が出ているために税金を支払うことになります。税金を支払うために資金が足りなくなるというのはよくある話なのです。

だからといって、会計や税金のルールに詳しくなったところで、資金繰りが改善するものでもありません。なぜならば、**資金不足のおもな原因は税務会計の知識ではなく、その業種や売り方などによって宿命づけられている**からです。事業を始めたときから資金が足りなくなるのはわかっているともいえます。

## 資金調達するなら、まずは銀行へ

資金調達には
さまざまな
方法があるが……

→ **銀行の融資はすべての使途に対応し、かつ金利面や返済期間で有利。**

### すべての資金不足をカバーできるのは銀行の融資だけ

第1章のような資金不足になった場合に、そのすべての資金不足をカバーできるのは、銀行からの**融資**だけです。あるいは、資金調達のすべてを、銀行からの融資で行うことも可能ですし、けっして珍しいことではありません。ということは、資金調達について学ぶ場合においては、銀行からの融資を真っ先に学んでおくことが重要ともいえます。

そして、商取引が、現金取引から振込決済、クレジットカード決済などが主流になりつつある今日においては、銀行の存在は極めて日常的となりました。社員への給料支払いにおいても、銀行口座振込が主流となり、ＡＴＭはコンビニエンスストアなどにも設置されています。その銀行から融資を受けるということも、一般個人はもちろん会社経営や事業経営においても日常的に行われていることでもあります。

第2章では、銀行の融資について説明していきます。

## 2 銀行の種類はさまざま。さあ、どこから借りるか？

### 借りることを前提に預金口座を開設する

銀行と一口にいっても、その種類はさまざまです。また銀行の成り立ちや風土によっても特徴は分かれてきます。しかし、外から見ると銀行の建物の大きい小さいというのはわかっても、なかなか自分の今付き合っている銀行（あるいはこれから借りようとしている銀行）の様子というのはわかりにくいものです。

ここでは銀行のタイプをおおまかに区別し、その特徴について説明します。

**① 預金量100兆円！　大きすぎる都市銀行**

県庁所在地などの都市部にのみ本支店を置いている大規模銀行です。カン違いしてはいけないのは大都市の市民のための銀行ではないということです。あくまでも大企業とそこで働く人のための銀行になります。あるいは中堅企業でも、全国的またはそれに準ずるくらいの展開をしている企業が対象になります。

### ② 地方銀行第一？　第二？

まさしくそれぞれの地方の企業や住民のための銀行です。ただし、第一地方銀行と第二地方銀行の2種類に分かれています。その違いは、それぞれの銀行の方針・銀行員の気質に現れています。

第一地方銀行は、設立当初から地方銀行だったところで、その名称を設立の順番そのままにしている銀行もあります。一方、第二地方銀行というのは、かつては相互銀行といって、小さい金融機関が集まってできた銀行です。

### ③ 近所の銀行――信用金庫（シンキン）・信用組合（シンクミ）

地方銀行が、それぞれの県の属する「地方」で展開しているとすれば、信金・信組の営業範囲は「県内限定」になります。信組に限ってはさらに県北とか県南とかその地域が限定されてきます。さらに、信金・信組の場合は融資できる企業の規模にも上限があり、まさに地域のための銀行という色合いは強くなります。

### ④ 個人向け銀行

ゆうちょ銀行や労働金庫、あるいはインターネット銀行など「銀行」や「金庫」と名前はついてはいますが、おもに個人向けの預金取引と個人向け融資が専門で、事業資金の融資は行っていません。

## ◉――事業規模や特性に合った銀行を見つけよう

前述した銀行の説明は、あくまでもそれぞれの銀行の特性です。よって会社として、あるいは個人事業者として、それぞれの銀行に口座開設をし、なんらかの預金取引をするのに法的な制限などはありません。

しかし、ここで重要なのは、**会社経営や事業経営上の融資を受けることを前提とした銀行選びをする**ということです。初めに融資ありきではなく、預金口座ありきです。ということは、会社の取引上はインターネット銀行でなんら不足はないという場合であっても、その後において融資を受けられないということもありうるのです。

銀行の融資の仕組みを簡単に説明すると、それぞれのエリアの預金者のお金を、同じエリアの事業者に融資をするということです（もちろん例外もある）。ということは、ある都道府県の中だけで営業しているのであれば、その都道府県に本店所在地がある銀行と取引するのが望ましいといえます。さらに営業エリアが限定されるのであれば、なおさらでしょう。

つまり、必ずしも自分のお店や会社にもっとも近い銀行（便利な銀行）が、取引銀行としてベストの選択とは限らないということです。事前にインターネットで取引銀行の情報をチェックしておくことをおすすめします。

## 銀行の種類と特徴

| | 融資対象 | 預金量 | 金利 | 地元密着性 |
|---|---|---|---|---|
| 都市銀行 | 日本全国・全世界（海外） | 50～100兆円 | 低い | 弱い |
| 地方銀行 | 東北地方、北陸地方などのエリア限定 | 数千億～数兆円 | | |
| 信金・信組 | 都内・県内などに限定 | 数百億～数千億 | 高い | 強い |
| 個人向け銀行（ゆうちょ銀行・労働金庫） | 事業向け融資は行っていない | ―― | ―― | ―― |

**自分の会社の活動エリア、規模から最適な取引銀行を探そう！**

**例：取引銀行の選び方**

全国を対象（通販など）とするビジネスを展開していても、小規模な場合は、対顧客イメージや振込手数料を重視して入金口座を都市銀行にし、おもな決済口座を信金か信組にする。

## 3 銀行よりも積極的な政府系金融機関とは？

**必ず日本政策金融公庫からも融資を受けよう！**

会社向けや個人事業者に対して融資をしてくれるのは銀行だけではありません。といっても、銀行以外の民間金融業者（貸金業者）でもありません。その名称に「公庫」と名がつくことから、金融機関ではあるのですが、預金取引は行っていない金融機関があります。

国（政府）が出資している融資専門の金融機関のことを**政府系金融機関**といいます。その中で中小企業向けに融資を行っているのは**日本政策金融公庫（略して日本公庫、ニッポンコウコ）**だけですから、政府系金融機関＝日本政策金融公庫といっていいでしょう。

その日本政策金融公庫は、銀行よりはある意味では積極的な融資活動を行っています。なぜならば、政府系金融というくらいですから、銀行と違ってその活動は営利を第一の目的としていません。中小企業への資金調達面からの支援という意味では、銀行以上の公的使命があるといってもいいでしょう。

まして一般的に不景気といわれている時期や災害に見舞われたときなどは、公的金融機関としての役割はいやがおうにも高まります。

## 日本政策金融公庫はそれぞれの事業向けに3つに分かれている

**日本政策金融公庫**

**国民生活事業**

小規模な会社または自営業者向けの融資を取り扱っている。一番の特色は民間・政府系金融機関の中で唯一開業資金、あるいは創業資金の融資を比較的積極的に受け付けている。

**農林水産事業**

農林水産事業者向け融資を取り扱っている。

**中小企業事業**

中規模な企業向けや設備投資などの長期的なまとまった資金の融資をする。

ただし、日本政策金融公庫は銀行ではないので、融資を受けるにはどこかの銀行と預金取引を行っていること（口座があること）が前提になります。

日本政策金融公庫は上図のように３つに分かれています。

かつては**商工組合中央金庫**（略して商工中金）なども政府系金融機関とされていましたが、現在は民営化に移行中のため半官半民の銀行となっています。銀行だけではなく、ぜひ政府系金融機関（日本公庫）からも融資を受けるようにすることを心がけましょう。

# 4 融資の種類にはどんなものがあるのか?

## 基本は証書貸付と手形貸付の2種類

では、銀行や政府系金融機関などから受ける融資にはどのような種類があるのでしょうか?

いくつかあるのですが、一般的には**証書貸付**と**手形貸付**がほとんどになります。

証書貸付については正式には**金銭消費貸借契約証書**、略して**証貸**《しょうがし》といい、数年間の期間を定め、毎月利息と元金の返済をしていくものです。俗に、○○ローン（住宅ローンやマイカーローンなど）と呼ばれるローンも、この金銭消費貸借契約証書、証書貸付のことをさします。

いってみれば、○○ローンというのは、融資の商品名といっていいでしょう。

この証書貸付を受けることに関しては、個人、会社を問いません。また、カードローンというのも、その返済を分割で行っていくことから、証書貸付ではないけれどもローンと呼ばれています。

## 「証貸」とは？

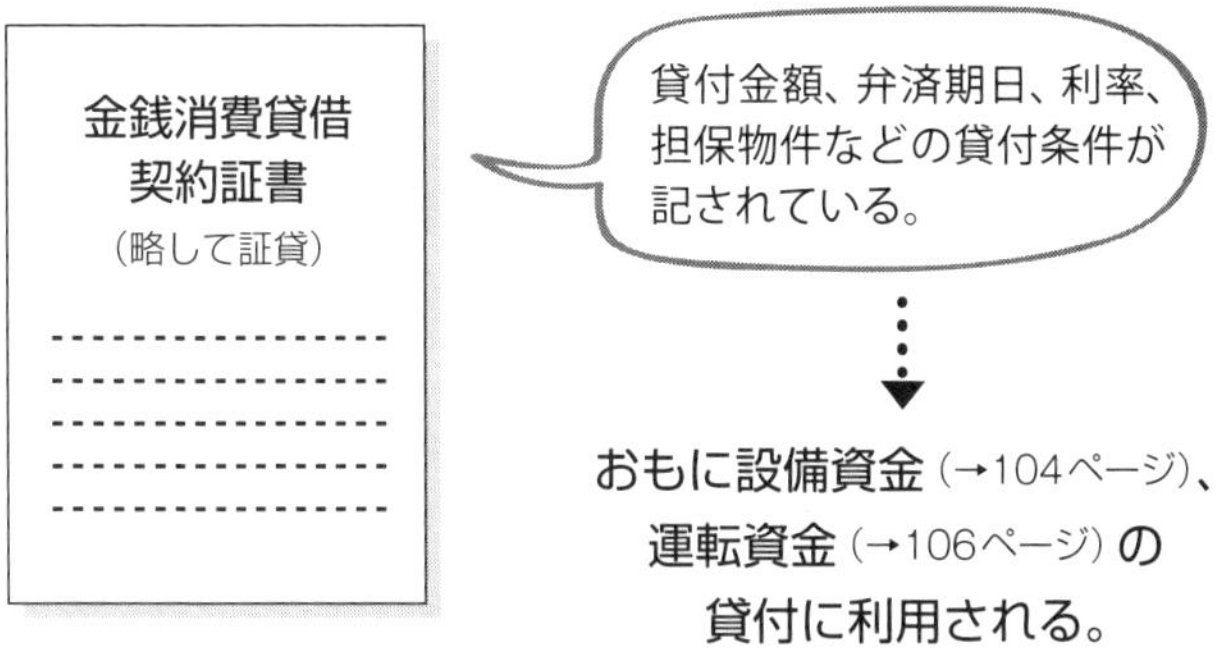
金銭消費貸借
契約証書
（略して証貸）
貸付金額、弁済期日、利率、
担保物件などの貸付条件が
記されている。
おもに設備資金（→104ページ）、
運転資金（→106ページ）の
貸付に利用される。

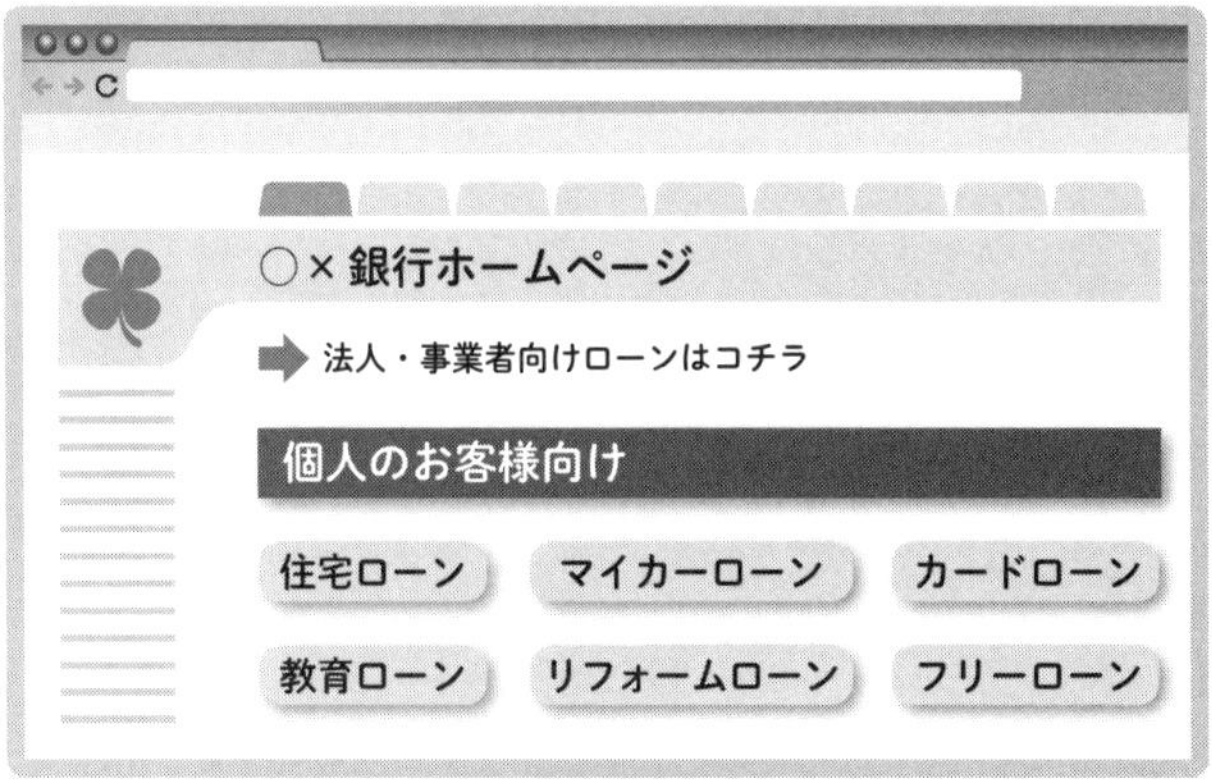
○×銀行ホームページ
法人・事業者向けローンはコチラ
個人のお客様向け
住宅ローン
マイカーローン
カードローン
教育ローン
リフォームローン
フリーローン

**じつは個人向けローンも証貸。**
**銀行にとって○○ローンというのは１つの商品。**

## 返済方法は2タイプ

その月々の返済額の計算には**元金均等償還**と**元利均等償還**の2種類があります。元金均等償還は、毎月元金を定額ずつ利息を月割りで返済していきます。一方、元利均等償還は、利息の金額と元金の返済額が均等になるように、特殊な計算によって算出した一定額を返済していきます。

元金均等償還は、元金を毎月均等に返済していくので利息計算もわかりやすいという利点がありますが、借りた直後はその元利の返済額はどうしても大きい金額になってしまいます。事業資金の融資返済の多くは、この元金均等償還になります。

これに対し、元利均等償還は月々の返済額は一定になるので資金繰り上は非常にわかりやすくなりますが、返済当初はその返済額のほとんどが利息になるので元金がなかなか減っていきません（個人の住宅ローンなどがこの元利均等償還タイプ）。

さらに、両者ともに金利が定期的に変動するタイプと固定金利のものがあります。金利が上昇すると、元金均等償還方式は返済額が当然増えてしまいます。

一方、元利均等償還方式は、返済額は増えませんが、すべて金利支払いという月もでてきます。

## 元金均等償還と元利均等償還の違い

**例：600万円を5年（60カ月）返済、金利2％で借りた場合**

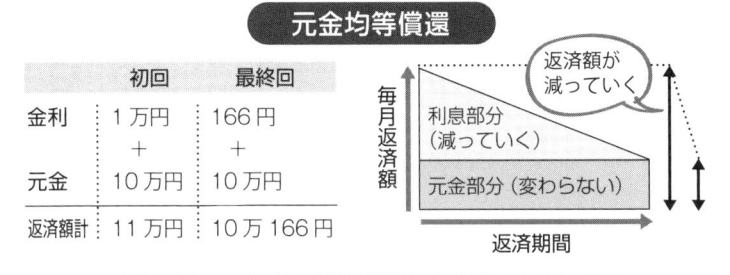

### 元金均等償還

| | 初回 | 最終回 |
|---|---|---|
| 金利 | 1万円 | 166円 |
| | ＋ | ＋ |
| 元金 | 10万円 | 10万円 |
| 返済額計 | 11万円 | 10万166円 |

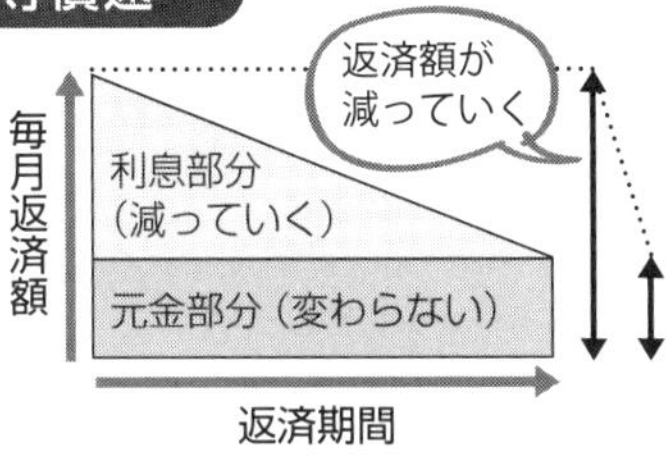
返済額が減っていく
毎月返済額
利息部分（減っていく）
元金部分（変わらない）
返済期間

メリット…利息計算がわかりやすい。

デメリット…借りた直後は元利の返済額が大きい。

事業資金の融資返済の多くは元金均等償還。

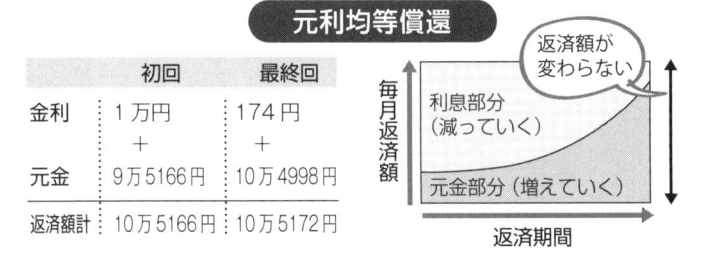

### 元利均等償還

| | 初回 | 最終回 |
|---|---|---|
| 金利 | 1万円 | 174円 |
| | ＋ | ＋ |
| 元金 | 9万5166円 | 10万4998円 |
| 返済額計 | 10万5166円 | 10万5172円 |

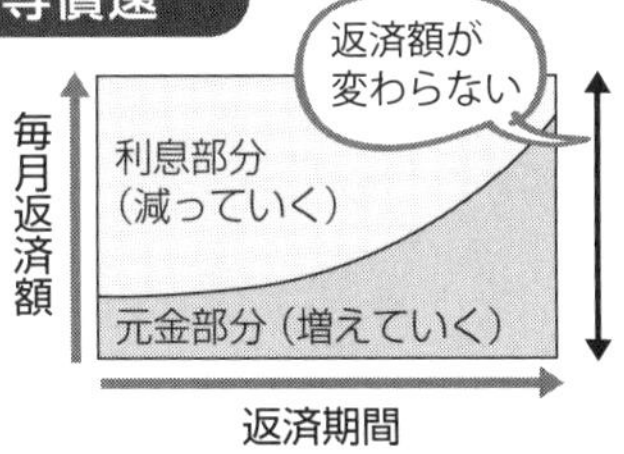
返済額が変わらない
毎月返済額
利息部分（減っていく）
元金部分（増えていく）
返済期間

メリット…月々の返済額が一定なので資金繰り上はわかりやすい。

デメリット…返済当初はほとんどが利息になるので、元金がなかなか減らない。

個人の住宅ローンなどが元利均等償還。

# 5 手形がなくても借りられる手形貸付って何？

## 1年以内の借入なら手形貸付

**約束手形**（↓32ページ）を振り出して資金を借りる方法を**手形貸付**といいます。返済を預金口座からの自動引き落としではなく、返済回数の分だけ、約束手形を振り出し、その振り出した約束手形を決済することで融資の返済とする方法です。この手形貸付の融資を銀行から受ける場合には、銀行との当座取引がなくても可能で、ほとんどの場合は「金融機関専用」のスタンプの押された融資専用の手形用紙を使います。

なぜこのような方法で融資をするのかというと、貸す側（金融機関）は、お金を貸したという**金銭債権**と**手形債権**という一度で2種類の権利を有することになります。手形貸付の借り方の特色としては、返済期間が1年以内の短期間になります。返済期間が1年以内なので借りる側にしてみると使い道が相当限定されてきます。具体的なケースとしては、第1章の70ページの季節によって左右される業種や製造業・建設業などです。

これら以外の業種でも、**納税資金**や**賞与資金**の支払いといった、一時的な資金不足に対してはこの手形貸付で融資を受けることができます。手形貸付で気をつけなければならないことは、設備投資などの長期的な使い道のために借りてはいけないということです。

## 手形貸付とは？

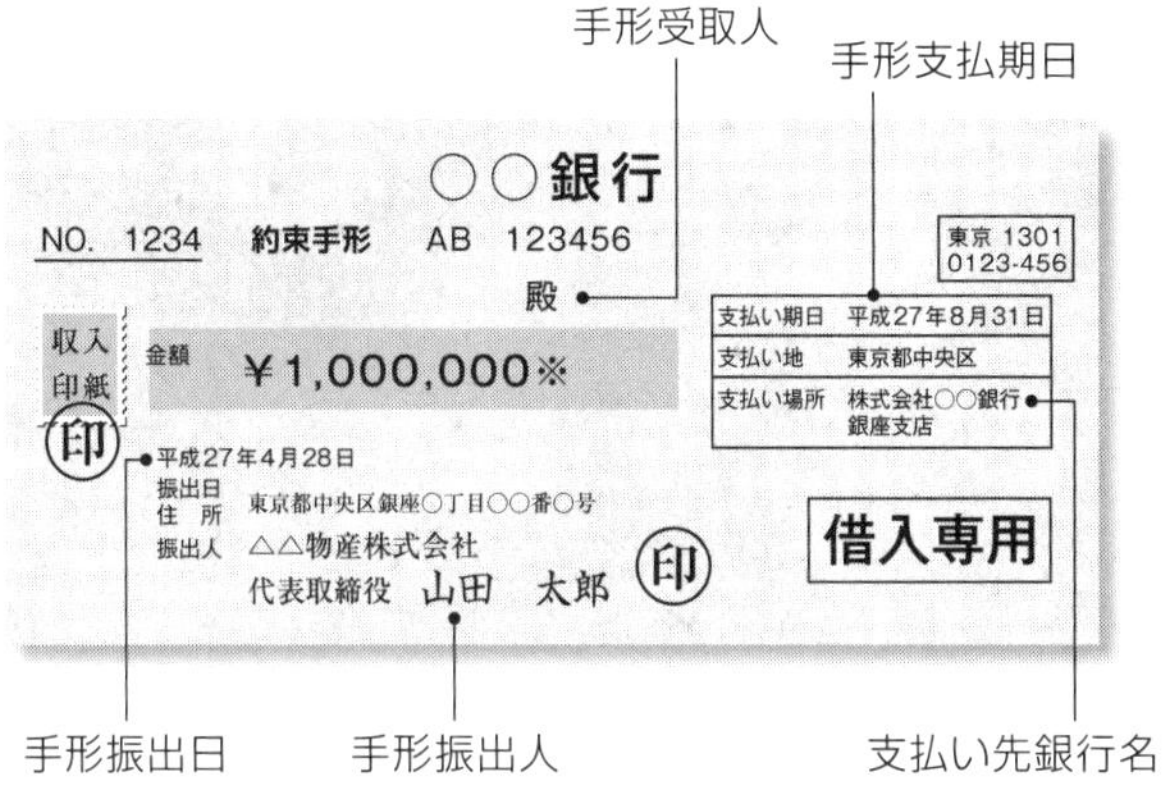

手形受取人
手形支払期日
○○銀行
NO. 1234
約束手形
AB 123456
殿
東京 1301
0123-456
支払い期日 平成27年8月31日
支払い地 東京都中央区
支払い場所 株式会社○○銀行 銀座支店
収入印紙
印
金額
¥1,000,000※
平成27年4月28日
振出日
住 所 東京都中央区銀座○丁目○○番○号
振出人 △△物産株式会社
代表取締役 山田 太郎
印
借入専用
手形振出日
手形振出人
支払い先銀行名


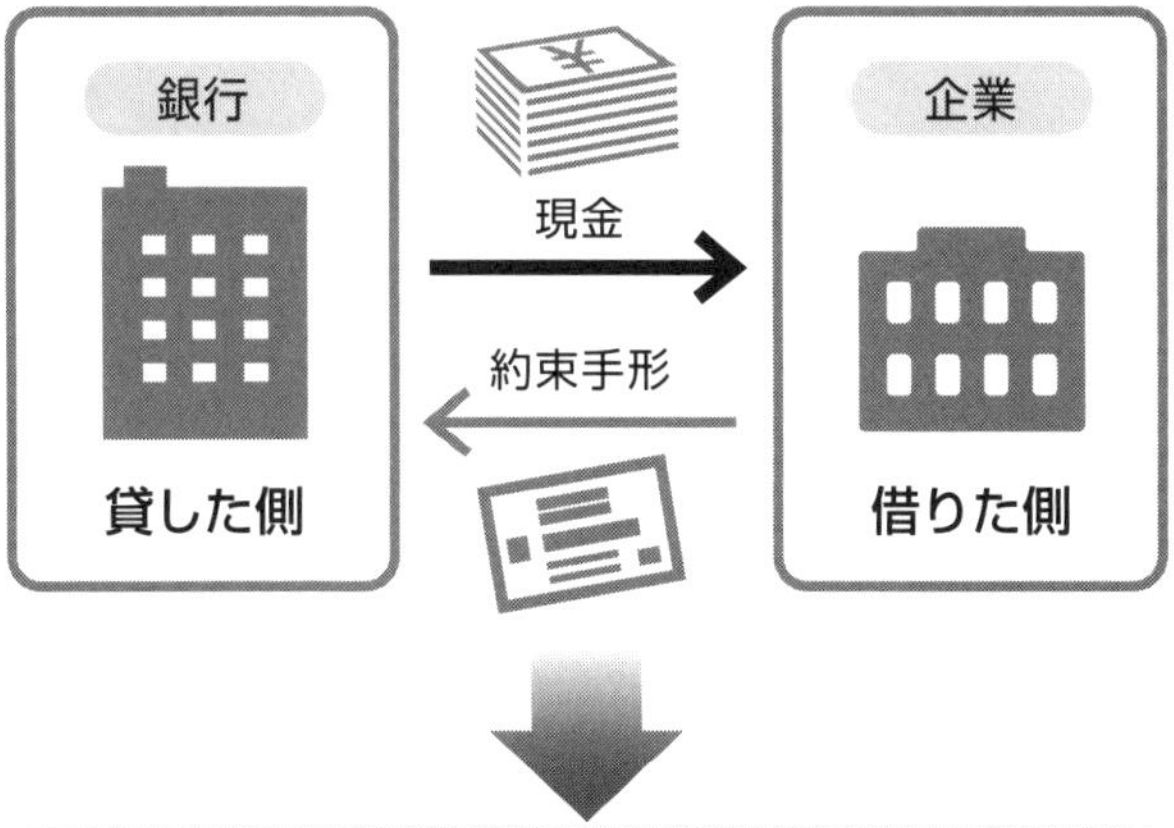

銀行
貸した側
現金
約束手形
企業
借りた側


**銀行に対して、約束手形を振り出す形式の融資。**
**手形の受取人が銀行で、振出人が企業。**
**原則、1年以内に返済することになる短期借入金。**

# 6 銀行は担保がなければ貸してくれない？

## ➡担保があるからといって貸してくれるとは限らない

お金を借りるときに必要と思われる**担保**について考えてみましょう。

じつは矛盾するようですが、銀行は、たとえ担保がなくとも融資には応じてくれます。だからといって、担保さえあれば貸してくれるかというとそんなことはありません。

融資の担保となりうるものには、**不動産**や有価証券などありますが、中小企業の融資においてもっとも身近なのは不動産担保でしょう。

上場株式などの有価証券類を所有しているのであれば、わざわざ担保などにせず換金（売却）することで資金繰りにあてることはできます。また、上場株式などの場合は、その価値（株式相場）の変動が激しいので、銀行の融資の担保としては馴染《なじ》みにくいということもあります。

**銀行が、担保があるからといって貸してくれるとは限らない理由は、銀行は融資の返済のためにその担保物をすぐに売却させるノウハウや仕組みそのものがないから**です。銀行の融資の返済において、担保物を換金する（させる）ことで融資の返済にあてるということとは、最終手段といってもいいでしょう。

逆に銀行以外の貸金業者の場合は、預金取引内容などから融資先の資金繰り状況を把握することはできないので、担保物件を売却させる前提で融資を行っているともいえます。

これらが、銀行の融資と、銀行以外の融資の最大の違いです。

## 担保に対する銀行と銀行以外の捉え方の違い

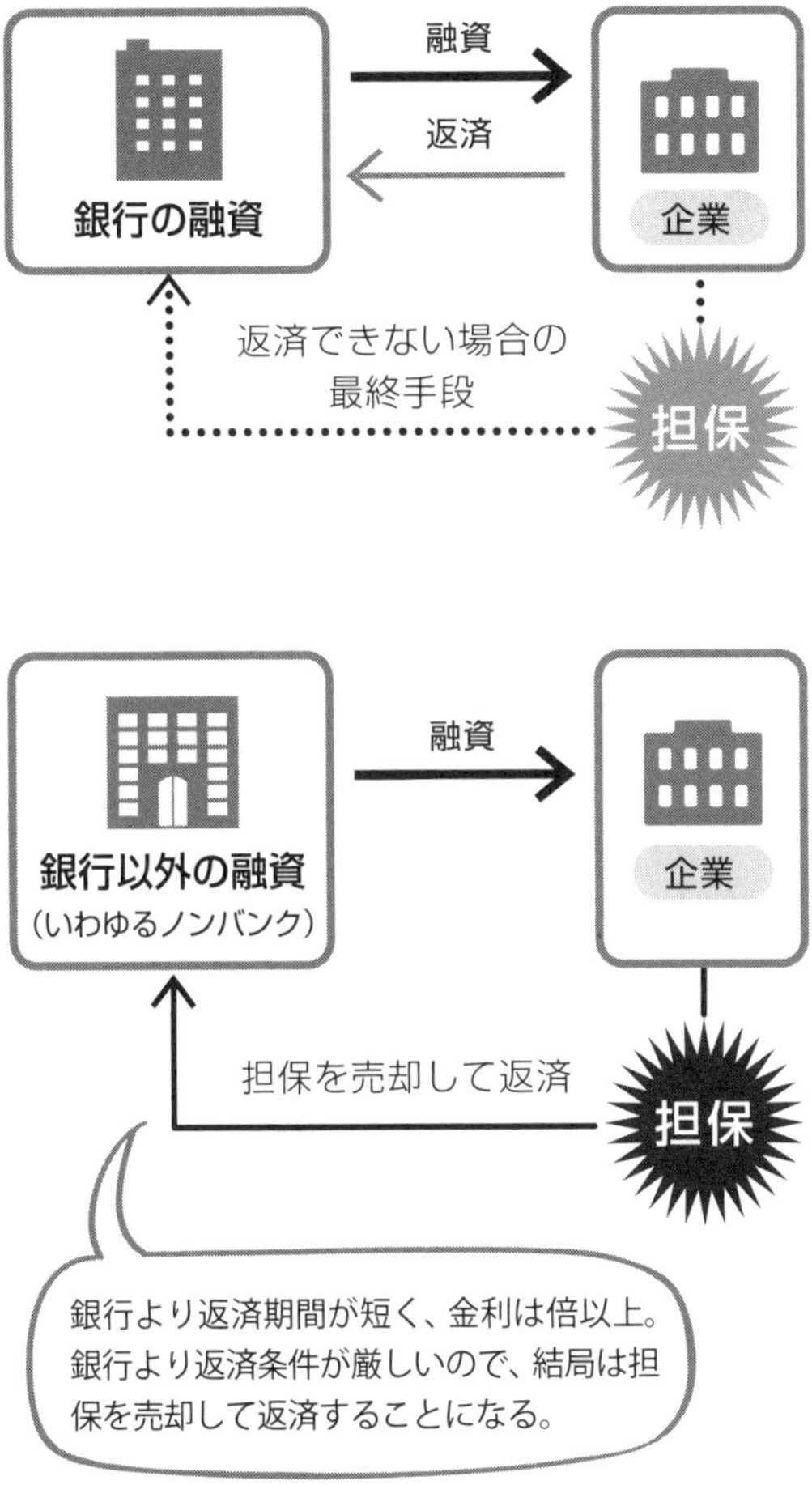
融資
返済
銀行の融資
企業
返済できない場合の最終手段
担保
融資
銀行以外の融資
（いわゆるノンバンク）
企業
担保を売却して返済
担保
銀行より返済期間が短く、金利は倍以上。銀行より返済条件が厳しいので、結局は担保を売却して返済することになる。

# 7 不動産担保とは何か？

## 一度きりの抵当権と何度でも使える根抵当権

たとえ融資の返済の最終手段とはいえ、担保の意味するところは、換金（売却）して融資の返済にあてることです。そして、不動産に設定される**抵当権**や**根抵当権**というのは、返済ができなくなったときは、融資をした銀行が換金（売却）しますよということを所有者（債務者）と融資をした銀行が約束することです。

その約束の詳しい内容は、不動産の登記簿を見ることによって確認できますし、写し（謄本）を取ることも可能です。興味のある方は、その不動産を管轄する法務局に出向いてぜひお調べください。誰でも、どこの不動産であっても、調べることは可能です。

抵当権というのは、その借入のためだけの担保とすることで、設定された金額（借りた金額）が限度であり、その後においてはその借りた金額が減ることはあっても増えることはありません。よくある例は住宅ローンです。

根抵当権は設定した限度額内において、将来において借りるかもしれない借入までの担保とすることができます。ただし、設定した限度金額までの融資を約束してくれるもので

## 抵当権と根抵当権の違い

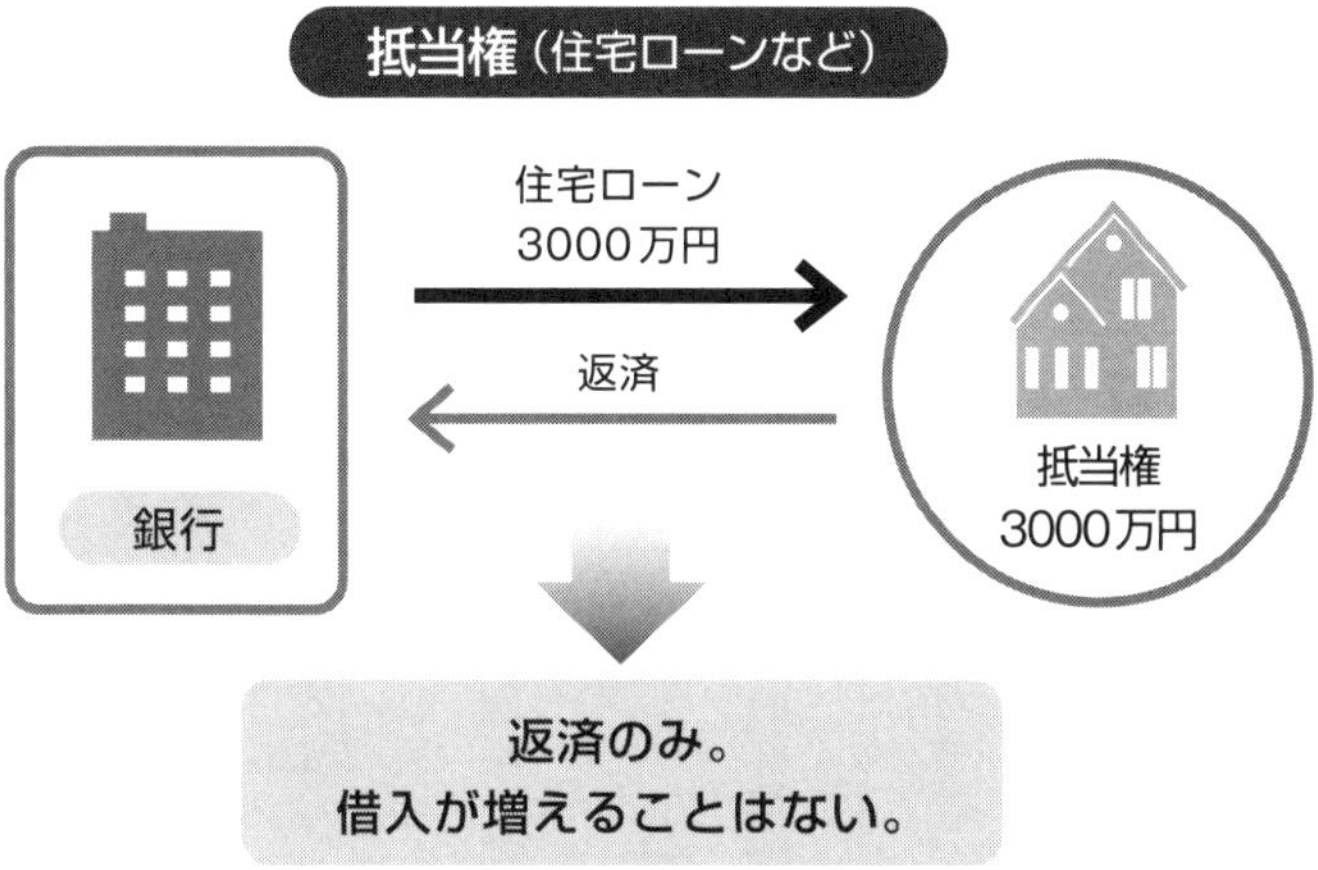
抵当権（住宅ローンなど）
住宅ローン
3000万円
返済
銀行
抵当権
3000万円
返済のみ。
借入が増えることはない。

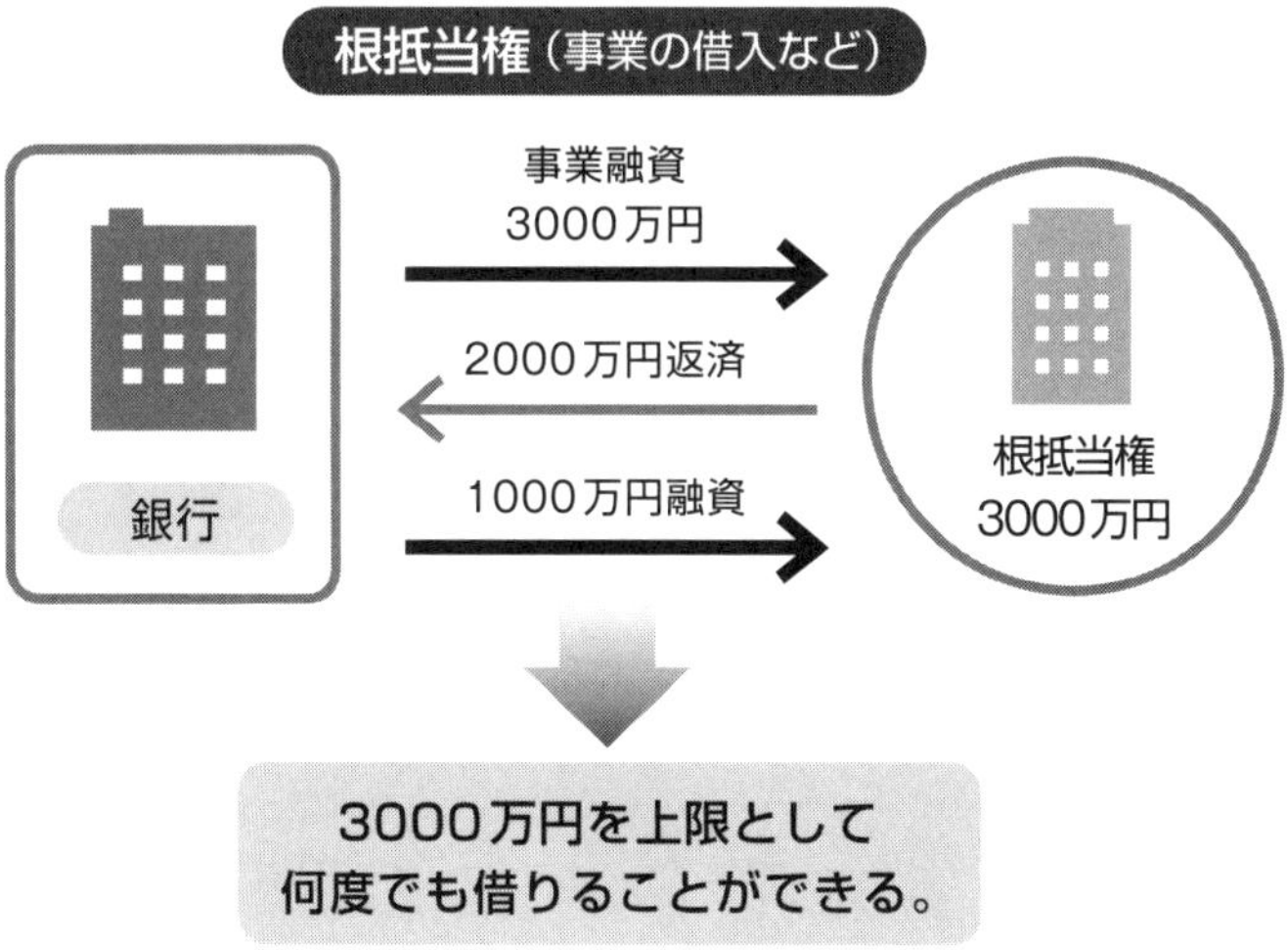
根抵当権（事業の借入など）
事業融資
3000万円
2000万円返済
1000万円融資
銀行
根抵当権
3000万円
3000万円を上限として
何度でも借りることができる。

はありません。また、外部からその不動産の担保状況を調べられた場合には、実際は借りていなくともその設定された限度額までの借入があるものと判断されます。

## ●不動産担保評価とは何か？

融資の担保とする場合は、その担保物（この場合は不動産）が融資に見合うだけの価値があるかどうかの評価をしなければなりません。その不動産の評価をする場合の目安になるのが、**相続税路線価**です。相続税路線価は**国税庁**が毎年日本全国の隅々まで、1平方キロメートルあたりの価値を発表しており、インターネット上で誰でも無料で調べることができます。ほかにも、**公示価格**などいろいろな評価の方法がありますが、融資の際の不動産担保評価の基本と常識として、この通称**路線価**については理解しておきましょう。ただし路線価は、あくまで評価の目安の代表例というだけで、融資を行う金融機関が必ずしも路線価どおりの評価をしているとは限りません。路線価以上のときもあれば以下のこともあります。

また、その評価額を融資額の上限とするわけではなく、評価額の1割減から3割減といった場合もあります。建物の場合は、新築の場合は建設費用そのもので、中古の場合は残存耐用年数での未償却残高か、**固定資産税評価額**などで評価します。

## 不動産担保評価にはさまざまな方法がある

| | |
|---|---|
| **公示価格** | 国土交通省が毎年１月１日付の全国主要土地の評価を発表。 |
| **固定資産税評価額** | 市町村が固定資産税のために使っている評価基準で、公示価格のおよそ７割程度となっている。 |
| **相続税路線価** | 国税庁が毎年７月１日付で、相続税など評価計算のために発表。およそ公示価格の８割程度といわれている。全国のおもな道路沿いに評価がされており、利用状況ごとの評価基準も記されているため、銀行融資の際の評価としても使われている。 |

**路線価格の見方**

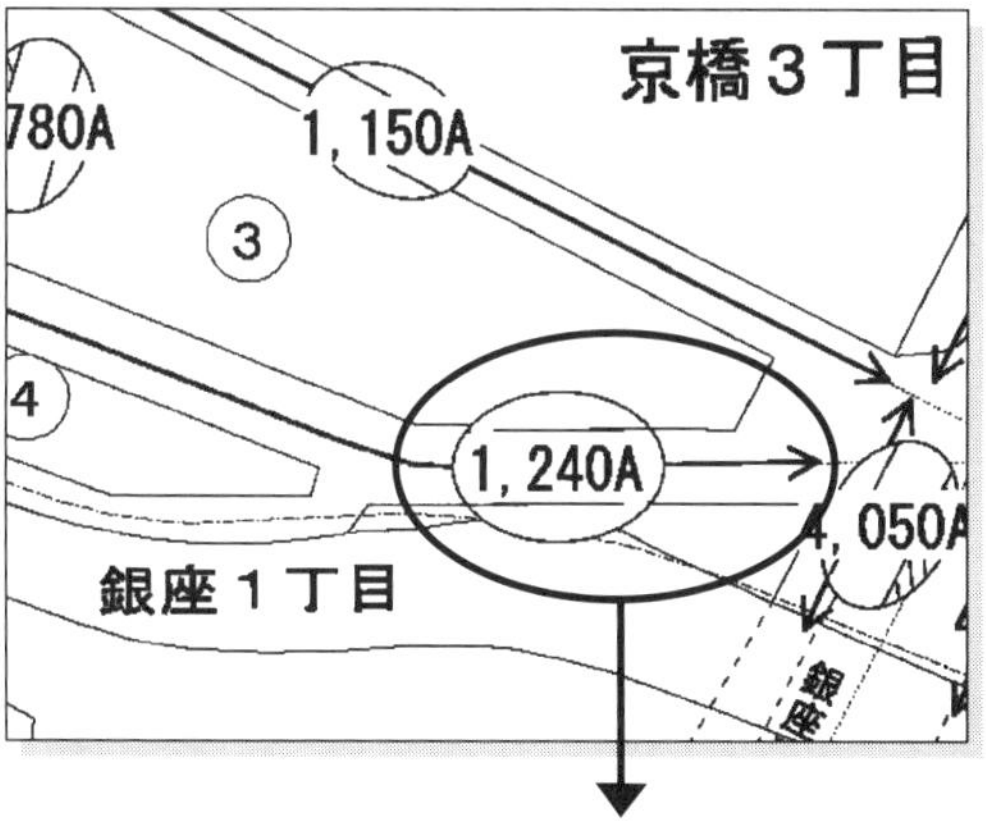

京橋３丁目
780A
1,150A
3
4
1,240A
4,050A
銀座１丁目


1㎡あたり124万円という意味。
土地の広さ（㎡）×124万円でおおよその価格を計算できる。

# 8 融資を受ける際に要求される連帯保証人とは？

## 会社の借金は社長の借金!?

銀行は融資の際には必ず**連帯保証人**を要求します。もしあなたが個人事業主ならば配偶者か家族を、会社の社長であれば社長個人としての連帯保証のハンコを押すことになります。借りるのはあくまでも会社という法人であっても社長個人の連帯保証が付いているので、会社が倒産しても、社長をやめても、その保証債務からは逃れることができなくなります。

中小企業の場合は、一度会社として資金を借りた場合はほとんど社長個人の連帯保証が付きます。場合によっては、社長の配偶者や家族の連帯保証までというケースも多々あります。つまり、会社の命運がそのまま家族の命運となってしまうのです。

なぜ会社の借入の連帯保証として社長個人が要求されてしまうのでしょうか？

それは、業績悪化の際の計画的倒産や社長の辞任・交代を、融資する銀行側が避けたいからです。ですから予防策、対策といっていいでしょう。

中小企業という会社に対して銀行が融資する場合において、もっとも懸念するのは、会社と社長個人の一体化、つまり、会社のサイフと社長個人のサイフの一体化です。よって、中小企業の会社の社長には会社の融資の連帯保証を要求されるということです。

### 中小企業の社長個人の連帯保証イメージ

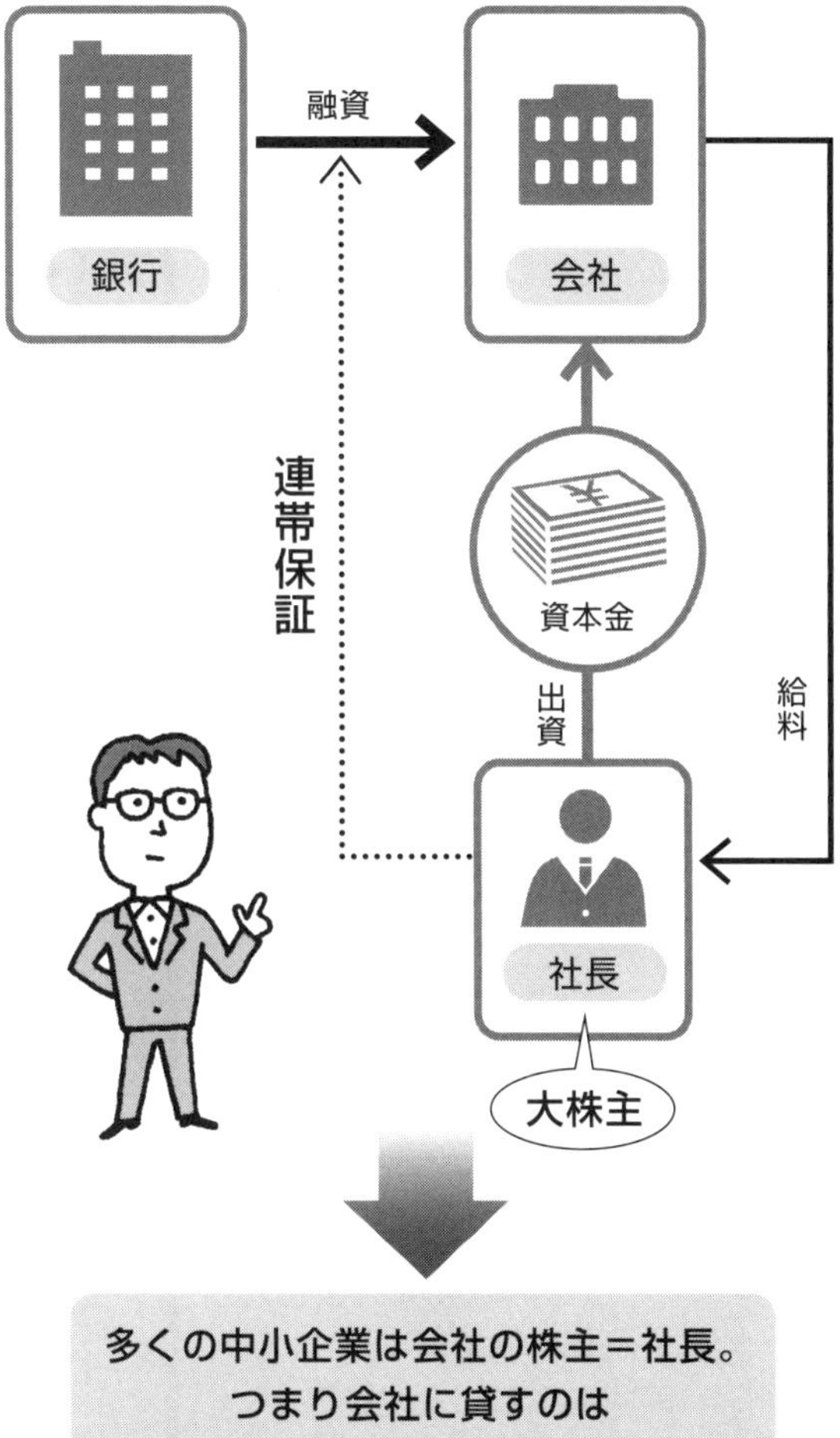
銀行
融資
会社
連帯保証
資本金
出資
給料
社長
大株主
多くの中小企業は会社の株主＝社長。
つまり会社に貸すのは
社長個人に貸すのと同じこと。

## 9 もし銀行から第三者連帯保証人を求められたら？

### 「経営者保証に関するガイドライン」を突きつける

担保提供できる不動産がない、あるいは担保として足りない、家族や親族に保証人にすでになってもらっているといった場合、金融機関は家族・親族以外のいわゆる**第三者連帯保証人**を要求してくることもありました。

「ありました」と書きましたが、第三者保証はまだ禁止こそされていませんが、政府からは金融機関に対して融資の際にできるだけ第三者保証を求めないよう要請しています。それどころか、経営者保証さえ場合によっては求めないようにしましょうと金融機関に対して言っています。もし、金融機関から第三者保証人を求められた場合には、おたくの金融機関では**「経営者保証に関するガイドライン」**を知らないのですか？と聞いてみましょう。経営者保証に関するガイドラインというのは、連帯保証による**連鎖倒産**や**破産**を防ぐための、金融機関に対しての自主規制のようなものです。

あくまでも自主規制でしかないので、金融機関側から「ならば融資はできませんから他からお借りください」といわれてしまう場合もあるかもしれません。こうした場合は、残念ながら対抗手段はありません。

　しかし、金融機関として第三者保証を求めるそうした姿勢にはやや問題があるといえますので、金融庁の相談窓口で相談してみましょう。

## ガイドラインでどう変わる？

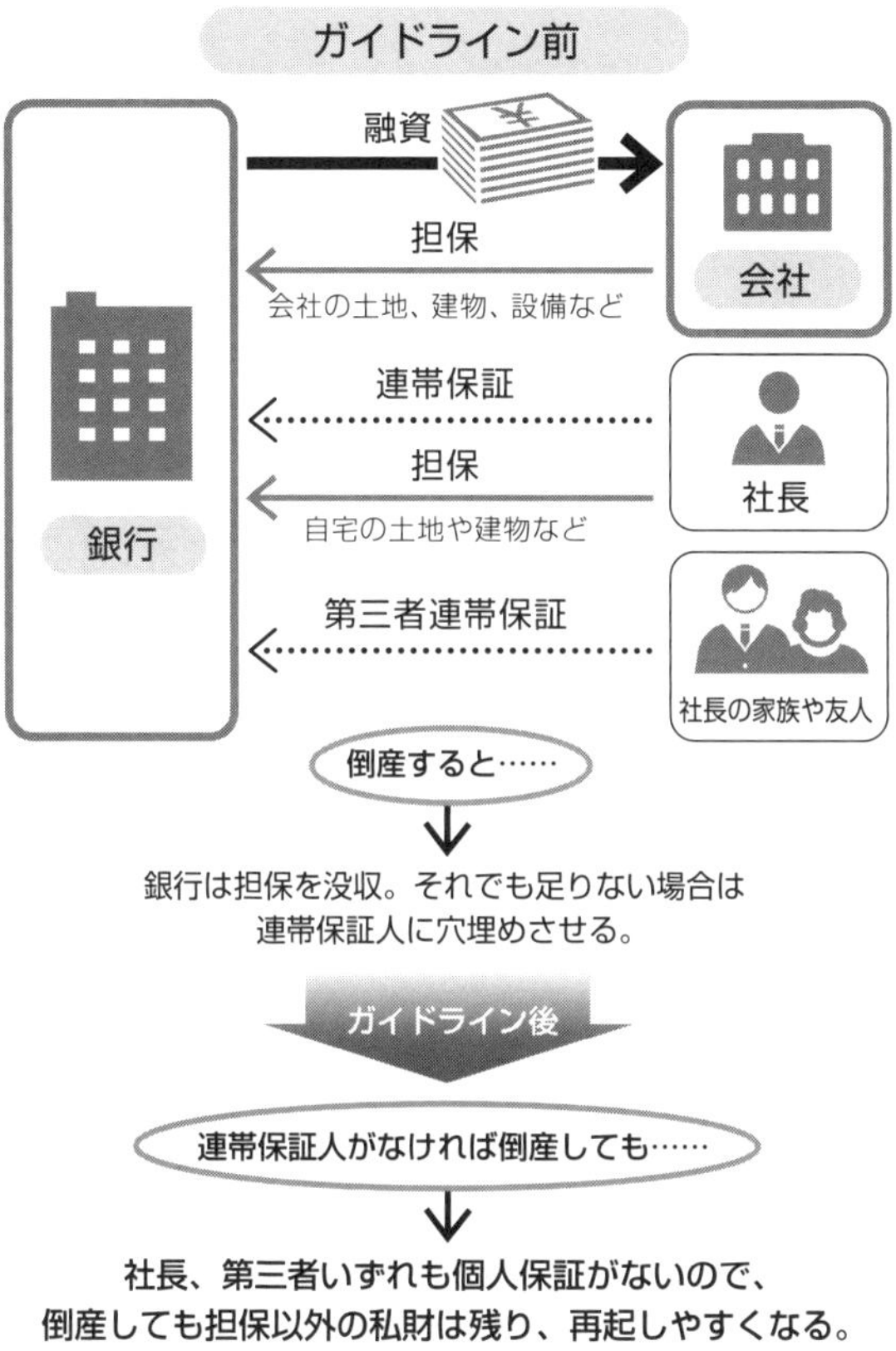
ガイドライン前
融資
担保
会社の土地、建物、設備など
会社
連帯保証
担保
自宅の土地や建物など
社長
銀行
第三者連帯保証
社長の家族や友人
倒産すると……
銀行は担保を没収。それでも足りない場合は
連帯保証人に穴埋めさせる。
ガイドライン後
連帯保証人がなければ倒産しても……
社長、第三者いずれも個人保証がないので、
倒産しても担保以外の私財は残り、再起しやすくなる。

### 「経営者保証に関するガイドライン」のおもな内容

①法人と個人が明確に分離されている場合は経営者の個人保証を求めないこと。
②多額の個人保証を行っていても、早期に事業再生や廃業を決断した際に一定の生活費等を残すこと。
③保証債務の履行時に返済しきれない債務残額は原則として免除すること。

# 10 中小企業のための信用保証協会とは？

## 信用保証協会の保証付き融資を徹底的に活用する

銀行にとって、中小企業に対して融資をするということは、たとえ業績好調であっても、なんらかの担保があったにせよ、不安なものです。まして業績不振で無担保となったらなおさらです。

そのために、中小企業が銀行から融資を受ける際の連帯保証となってくれる公的な機関として**信用保証協会**が全国の都道府県（または一部の「市」）にあります。保証となってくれるということは、万が一返済ができなくなった場合には、信用保証協会が銀行への返済を肩代わりしてくれるということです。「○○都道府県信用保証協会」というふうに、名称の最初に自治体の名前が入っていることからもわかるように都道府県ごとに運営されています。**信用保証協会の保証付き融資**のことを、略して**「シンポ付き」「マル保融資」**といって、中小企業融資はこの信用保証協会の活用が最大のカギとなります。

融資を受ける（受けたい）中小企業と融資をする銀行、そして連帯保証をしてくれる信用保証協会の関係はどのようになっているのでしょうか？

## 信用保証会の保証付き融資の仕組み

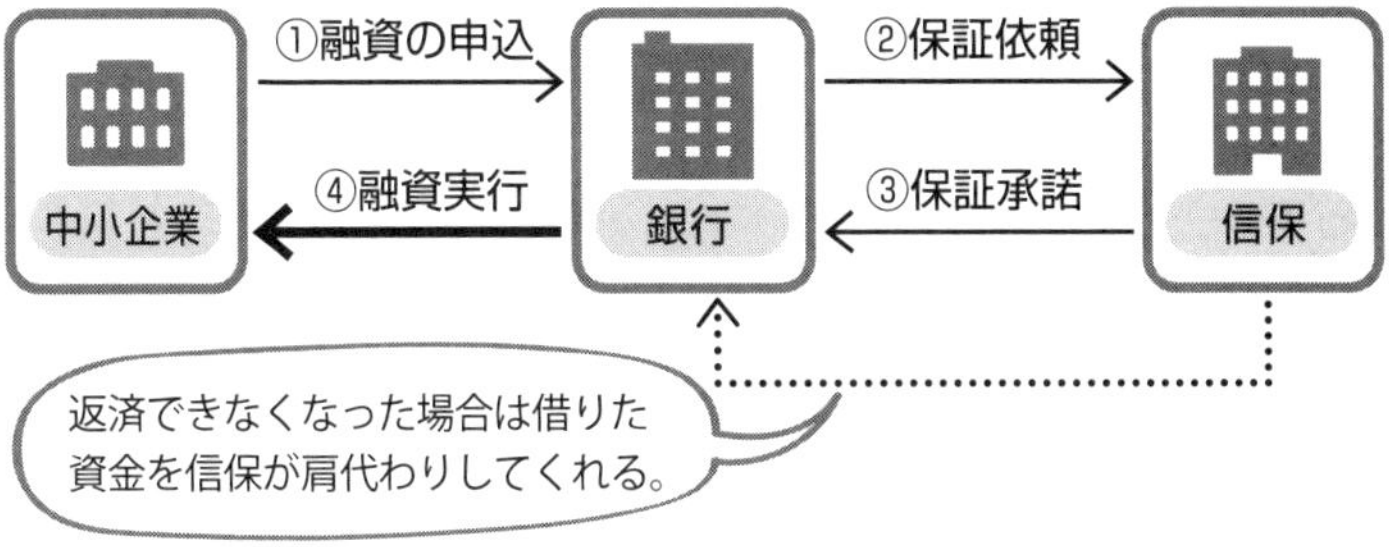


法律上（契約上）の関係は、中小企業から信用保証協会へ保証の依頼をし、保証ＯＫの結果をもって、銀行が融資をする……となっています。ところが現実的には、直接中小企業から信用保証協会が保証の依頼を受けることはなく、すべて金融機関を通しての依頼となります。少しわかりづらいかもしれませんが、あくまでも融資の申し込み窓口は金融機関になります。

ですから、銀行が中小企業への融資をするかどうかの審査をし（信用保証を付けるかどうかも含めて）、銀行内で融資をするという判断をした場合は、信用保証協会に保証依頼を行って、信用保証協会にも審査をしてもらう、という二段階審査がシンポ付き融資の仕組みです。シンポ付き融資は、特定の銀行において活用できるものではなく、複数の銀行からの融資に、そのつど使うことができます。**保証限度額**については、会社の資本金や従業員数などによって違ってきますので、各信用保証協会のホームページで事前に調べておきましょう。

# 11 制度融資って何？

## 自治体と信用保証協会と銀行の三位一体融資

前節で説明した信用保証協会の保証限度額については、おおまかに3つに分かれています。

たとえば、東京信用保証協会の場合は、①**東京都制度**、②**協会制度**、③**区市町制度**の3つです。②の協会制度のことを、俗に**一般保証**といい、①と③を**制度融資**といいます。万が一の場合に、信用保証協会が銀行に対して肩代わりするのですが、制度融資の場合は、肩代わりした信用保証協会に対してその分を自治体が補填《ほてん》するのです。肩代わりというのは債権者が銀行から信用保証協会に代わることをさしますが、自治体は債権者になることはありませんのでこの場合はあくまでも補填になります。つまり、制度融資というのは、自治体において銀行が都道府県内（あるいは区内や市内）の事業者への融資をしやすいようにするための制度なので、比較的活用しやすい制度といえます。

この制度融資に関しては、それぞれの自治体が直接事業者に対して融資をしてくれるような誤解をされることがあります。ある地方で（ここでいう地方は東京も含む）不況や災害

## 制度融資の仕組み

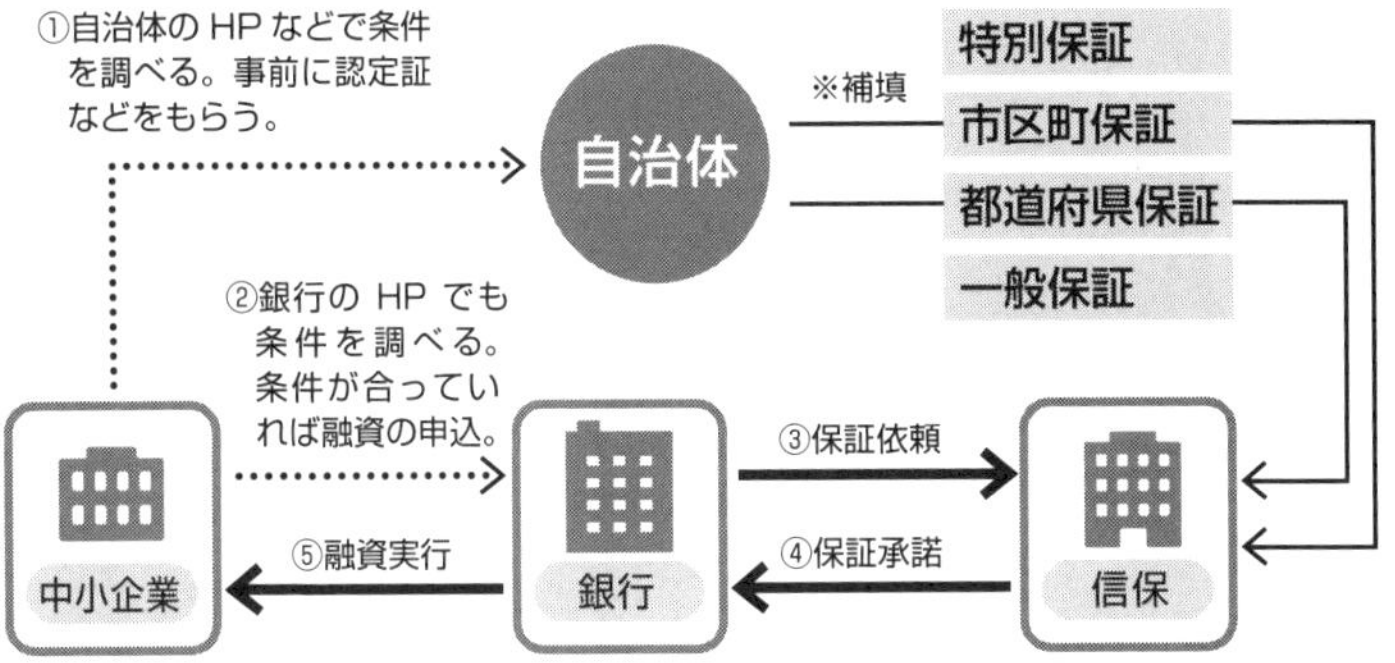
①自治体のHPなどで条件を調べる。事前に認定証などをもらう。
自治体
※補填
特別保証
市区町保証
都道府県保証
一般保証
②銀行のHPでも条件を調べる。条件が合っていれば融資の申込。
③保証依頼
④保証承諾
⑤融資実行
中小企業
銀行
信保

※銀行でOKでも、信保でNGの場合もある。

などに見舞われた場合に、自治体からの発表として新聞やニュースで報道されていることなどが、その理由といえるでしょう。

しかし、**通常のシンポ付き融資にしろ、制度融資にしろ、融資をするのはあくまでも銀行であり、貸すかどうかの審査をするのも銀行**なのです。

さらに、こうした制度融資などの多くは、それぞれ条件が異なり、融資申し込みの際には事前に各自治体から条件に該当していることを示す認定などを受けなければならないので、そのための手続きが必要です。また、認定＝融資ＯＫということではありませんので気をつけてください。

肝心の銀行においても、融資の担当者がこうした自治体の制度融資に関して必ずしも精通しているとは限らないので、事前に調べておきましょう。

# 12 借りるお金の資金使途と融資の種類の関係は？

## 金融機関は設備資金と運転資金に分けて融資を行う

銀行に融資の申し込みをするときの資金の使い道のことを**資金使途**といいます。金融機関ではおもに**設備資金**と**運転資金**に大別して融資を行います。

### 設備資金は購入する前に申し込む

設備資金とは、文字どおり事業に必要な設備の購入のために借入れる資金をいいます。たとえば、土地や建物を買うとか、車両を買うとか、機械を買うとかになります。ただし、設備資金の融資の申し込みのタイミングとしては、その設備を購入する前（あるいは契約をする前）になります。すでに支払いが終わってからでは、その申し込みは設備資金には該当しなくなります。

資金使途が違ってしまうと、融資の申し込みを受け付けてもらえなくなります。設備投資での融資申し込みは**見積書**の段階で行いましょう。

## 設備資金の調達に必要なおもな資料

**土地・建物の場合**
- 不動産登記簿謄本
- 路線価評価

**建物の新築の場合**
- 設計書
- 見積書

**機械などの場合**
- 見積書

**設備投資後の事業計画など**
- 投資後の損益計画
- 投資後の資金繰り表

**設備資金の融資申し込みのタイミングは、必ず設備の購入前に！**

## ◉ 設備資金以外はすべて運転資金

少し乱暴に説明しますと、設備資金以外の使い道（資金使途）はすべて運転資金ということになります。

第1章で資金不足になるおもなケースの説明をしましたが、運転資金はさらに細分化されますので、ここで説明しておきましょう。

①日常的な資金**（手持ち資金）**
②日常的に常に維持しておく**在庫を買うための資金**
③売上などが増加することによって必要となる**増加資金**
④季節による影響で必要となる**季節資金**
⑤製造業や建設業などの受注業で短期間必要になる資金である**つなぎ資金**

さらに右記の①を細分化し、目先の支払い先やその使い道によって、**仕入れ支払い資金、手形決済資金、納税資金**や**賞与支払い資金**などに区分けします。

正式な融資の専門用語ということではありませんが、これらの資金使途によって返済期間が決まってきますので覚えておきましょう。

## 運転資金とは？

**①日常的な支払いのために必要な資金**

◎仕入れ支払い
◎手形決済（仕入れの手形）
◎納税資金（決算時）
◎賞与支払い

**②在庫資金**

小売業など在庫をそろえるための資金。一時的に在庫を増やすための資金は④へ。

**③売上増加によって必要となる増加資金。**

**④季節による影響により必要になる季節資金。**

**⑤製造業や建設業などの受注業で短期間必要になるつなぎ資金。**

**基本的に、設備資金以外の使い道はすべて運転資金。**

# 13 なぜ借りたお金の返済期間は資金使途で変わるのか？

設備資金は10年～25年、運転資金は何に使うかで変わる

設備資金の返済期間は、その設備投資の内容によっておおよその最長期間が決まっています。

## 設備資金は10年～25年

建物や機械など、税務上の耐用年数が決まっているものはその耐用年数が返済期間の目安です。中古の場合は残存耐用年数です。しかし、耐用年数が数十年を越す設備であっても、最長20～25年が目安でしょう。また、土地など耐用年数がない場合も最長返済期間は同様です。

ここで注意しなければならないことが、**設備投資の場合は税務上の耐用年数と返済期間のズレが資金不足の原因になる**ことがあるということです。そのズレを埋める意味でも、金融機関のほうから自己資金を求められることがあります。

一概にはいえませんが、不動産などの設備投資だと、３割程度の自己資金を要求される

ケースが多いようです。ですから、設備投資全額の融資申し込みは難しいといえます。

## 設備投資（不動産）の耐用年数と返済年数の目安

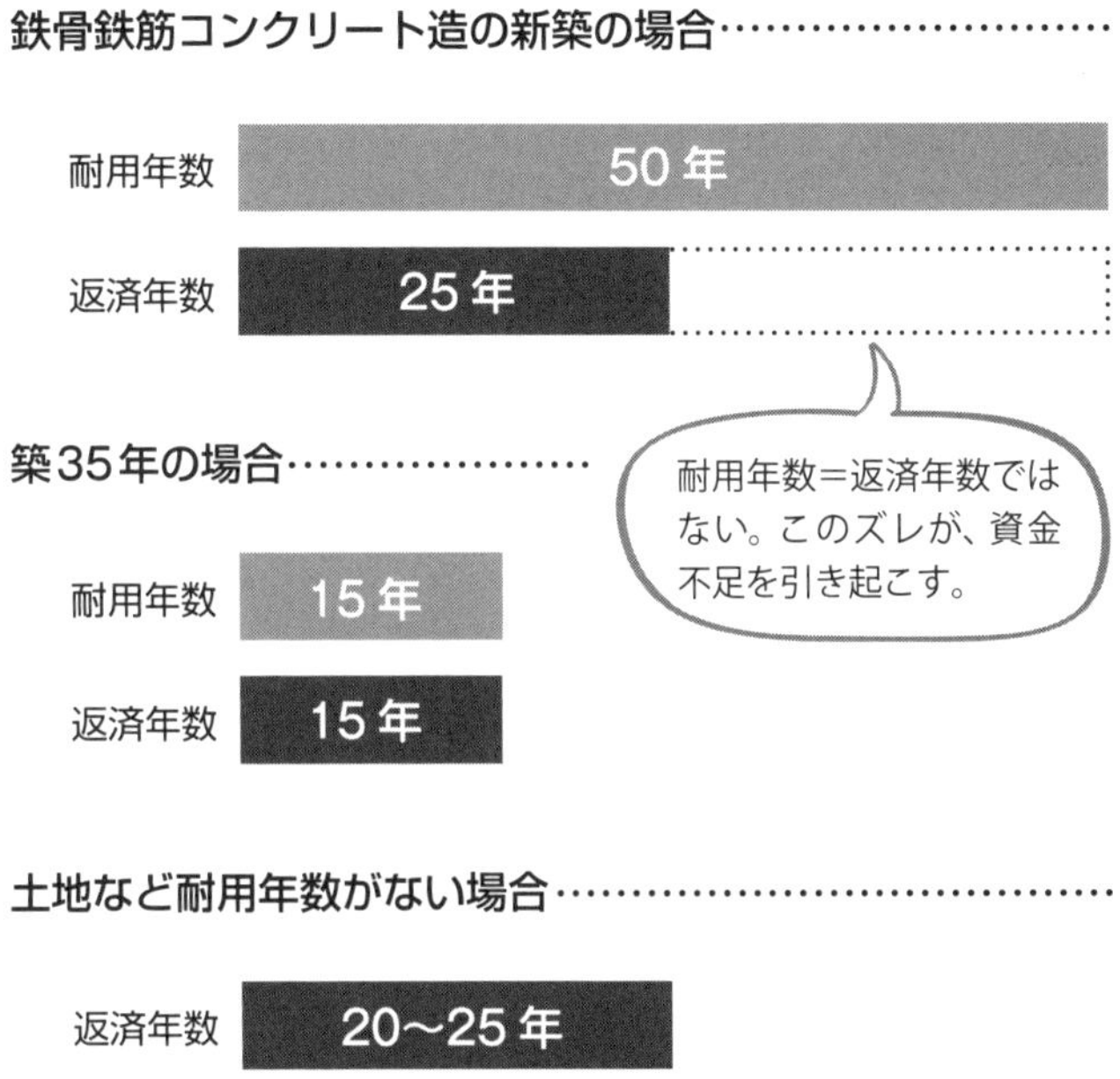
鉄骨鉄筋コンクリート造の新築の場合
耐用年数
50年
返済年数
25年
耐用年数＝返済年数ではない。このズレが、資金不足を引き起こす。
築35年の場合
耐用年数
15年
返済年数
15年
土地など耐用年数がない場合
返済年数
20〜25年

登記簿

## ◉――運転資金は長期と短期がある

運転資金の場合は、具体的な資金使途または原因と、シンポ付き融資などの制度によって返済期間は変わってきます。

１０６ページの①から③までの**日常的な資金使途であれば基本的に返済期間は５～７年**になりますが、④や⑤など**資金が必要なのは数カ月間というようにはっきりした理由がある場合は短期**で借りることになります。

たとえば、建設業などの工事が終わるまでの**つなぎ資金**の場合は工事が終わるまでの期間（3カ月であれば3カ月）になります。あるいは、季節的な影響（夏場だけ売上減少など）の場合は夏の終わりを返済期限とし、衣料品などのように季節の前に商品を仕入れるための在庫資金も、季節の終わりが返済期限となります（具体的な返済期限は資金繰り表などで検討）。

社員への賞与を支払うための**賞与資金**であるとか、決算などで税金を支払うための**納税資金**であれば、次の支払い期までの借入期間となります。賞与であれば一般的には夏・冬でしょうから約半年、決算の税金であれば、６カ月後に予定納税がくるでしょうからやはり半年以内の返済期間になります。

この賞与資金や納税資金が資金不足になる原因は日常的な資金不足が原因ですので、長期的な運転資金の借入をすることをおすすめしておきます。

## 運転資金の返済年数のイメージ

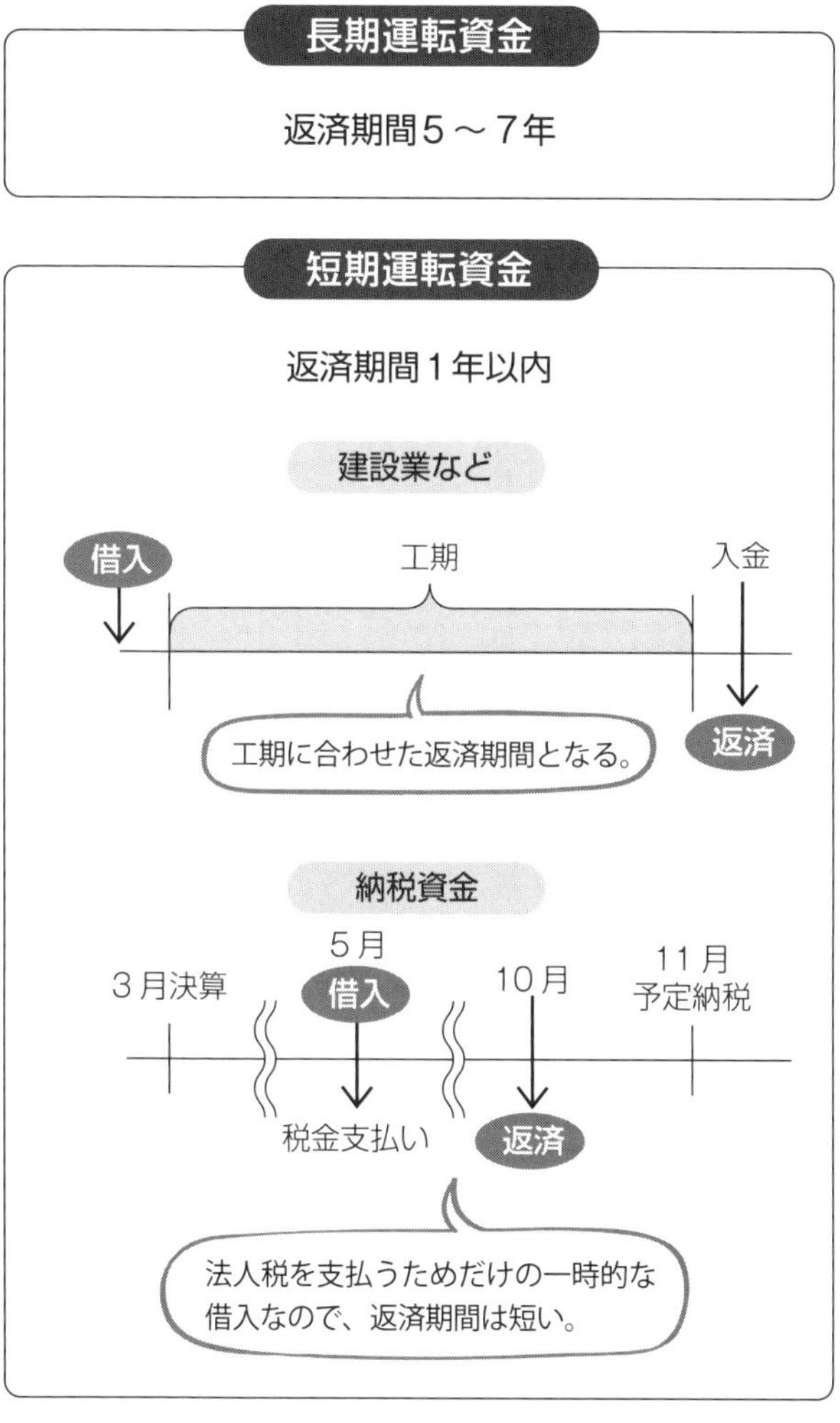

長期運転資金
返済期間5～7年
短期運転資金
返済期間1年以内
建設業など
借入
工期
入金
返済
工期に合わせた返済期間となる。
納税資金
3月決算
5月
借入
10月
11月
予定納税
税金支払い
返済
法人税を支払うためだけの一時的な
借入なので、返済期間は短い。

## 14 手形割引とは？

### 銀行に約束手形を買い取ってもらうこともできる

32ページで、約束手形の割引について簡単に説明しました。本来、この手形割引というのは融資ではありません。ところが、銀行で手形の割引をしてもらった場合には、その割り引いてもらった手形が**不渡り**になってしまうと、融資に関係してくることになるのです。

自分（自社）が受け取った約束手形を割り引いてもらったあとで、不渡りになってしまった場合は、割り引いてくれた相手からその約束手形の買い戻しを請求されます。

買い戻せる資金余裕がない場合には、たとえ買い戻す義務があろうとも応じられません。通常であれば、買い戻しができないこの段階で**連鎖倒産**してしまいます。ところが、割り引いてくれたのが銀行であった場合には、その買い戻す資金を融資してくれる場合もあるのです。

よって、手形割引を銀行がする場合には、その手形が不渡りになる場合も考えて、純粋にその手形の信用審査と、手形の所持人（会社）の審査との両面での審査をされることとなります。

## 手形割引とは？

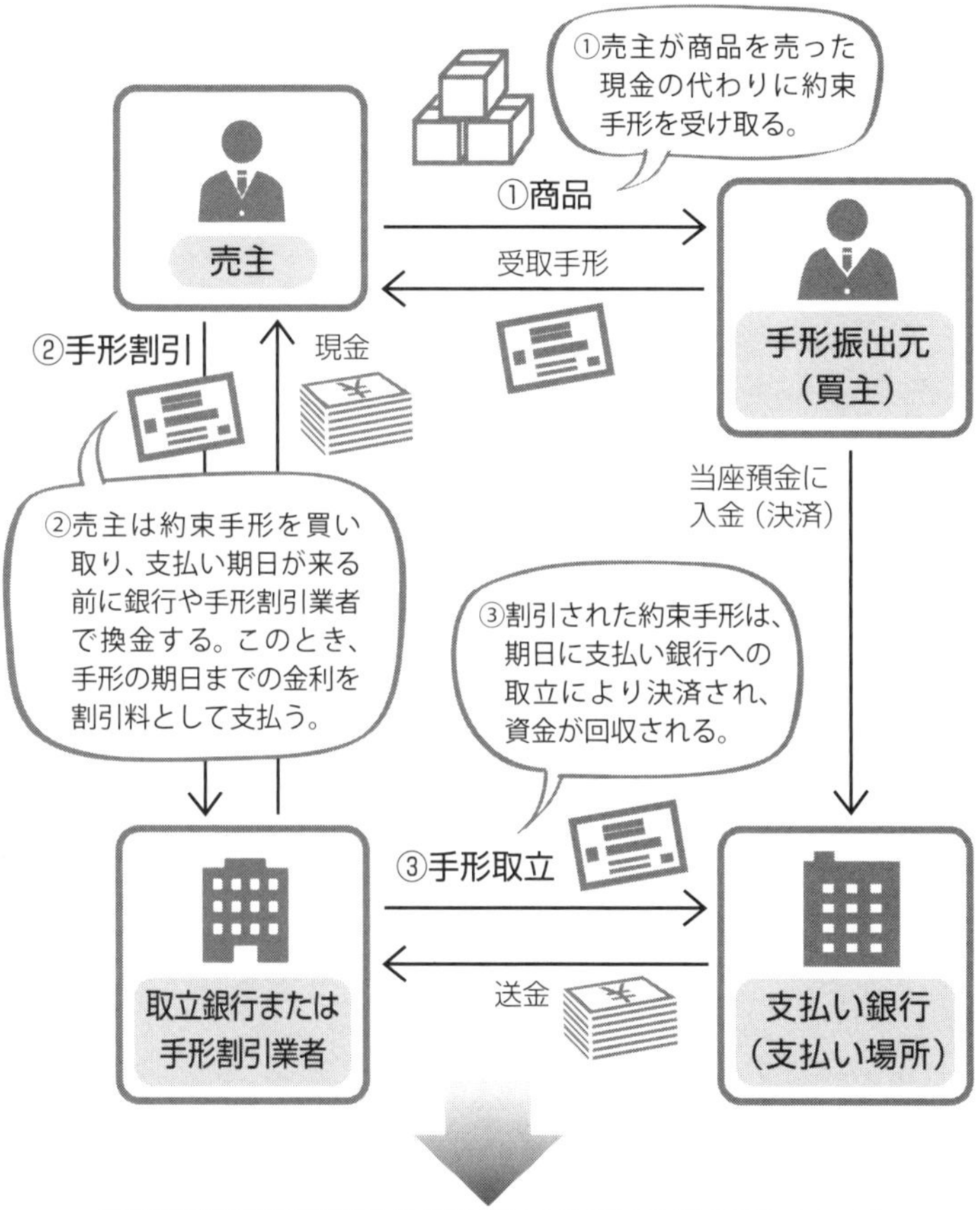
①売主が商品を売った現金の代わりに約束手形を受け取る。
①商品
売主
受取手形
手形振出元（買主）
②手形割引
現金
当座預金に入金（決済）
②売主は約束手形を買い取り、支払い期日が来る前に銀行や手形割引業者で換金する。このとき、手形の期日までの金利を割引料として支払う。
③割引された約束手形は、期日に支払い銀行への取立により決済され、資金が回収される。
③手形取立
取立銀行または手形割引業者
送金
支払い銀行（支払い場所）

**万が一、手形振出元が倒産した場合でも、銀行が割り引いてくれたのであれば、売主に対して買い戻す資金を融資してくれる可能性がある。**

## コラム❷ まるで“おもちゃ”の手形用紙？

「手形貸付」と「約束手形」はなんら関係性はありません。どちらも「手形」とついていますから混同されやすいのですが、まるで別物です。

銀行から１年以内の融資を受ける際に書かされる「手形」は、あくまで借入専用の手形用紙です。返済期日に返せなくなったからといって、いわゆる「不渡り」ということにはなりません。

そもそも約束手形を振り出すには銀行と当座預金の取引を開始しなければなりません。しかし、銀行から手形貸付を受けるには当座預金の取引がなくても可能なのです。

こうした説明をされると、よけいややこしく感じるでしょうか？　で、その手形貸付ですが、実際に約束手形を振り出して融資を受けることも可能で、専門の業者（手形貸付業者）もいます。こちらが本当の手形貸付です。

銀行から１年以内の融資を受ける際には、とにかく、おもちゃのお金みたいな手形用紙にサインをさせられる……と覚えておいてください。

しかし、銀行の手形貸付の際に、もし自分の会社の約束手形を振り出すことを銀行から要求されたりして、期日に返せなくなったらホントに不渡りになりますからね！

# 第3章

# 銀行が「貸したい会社」「貸したくない会社」

銀行の査定方法＆銀行員の考え方を説明します。

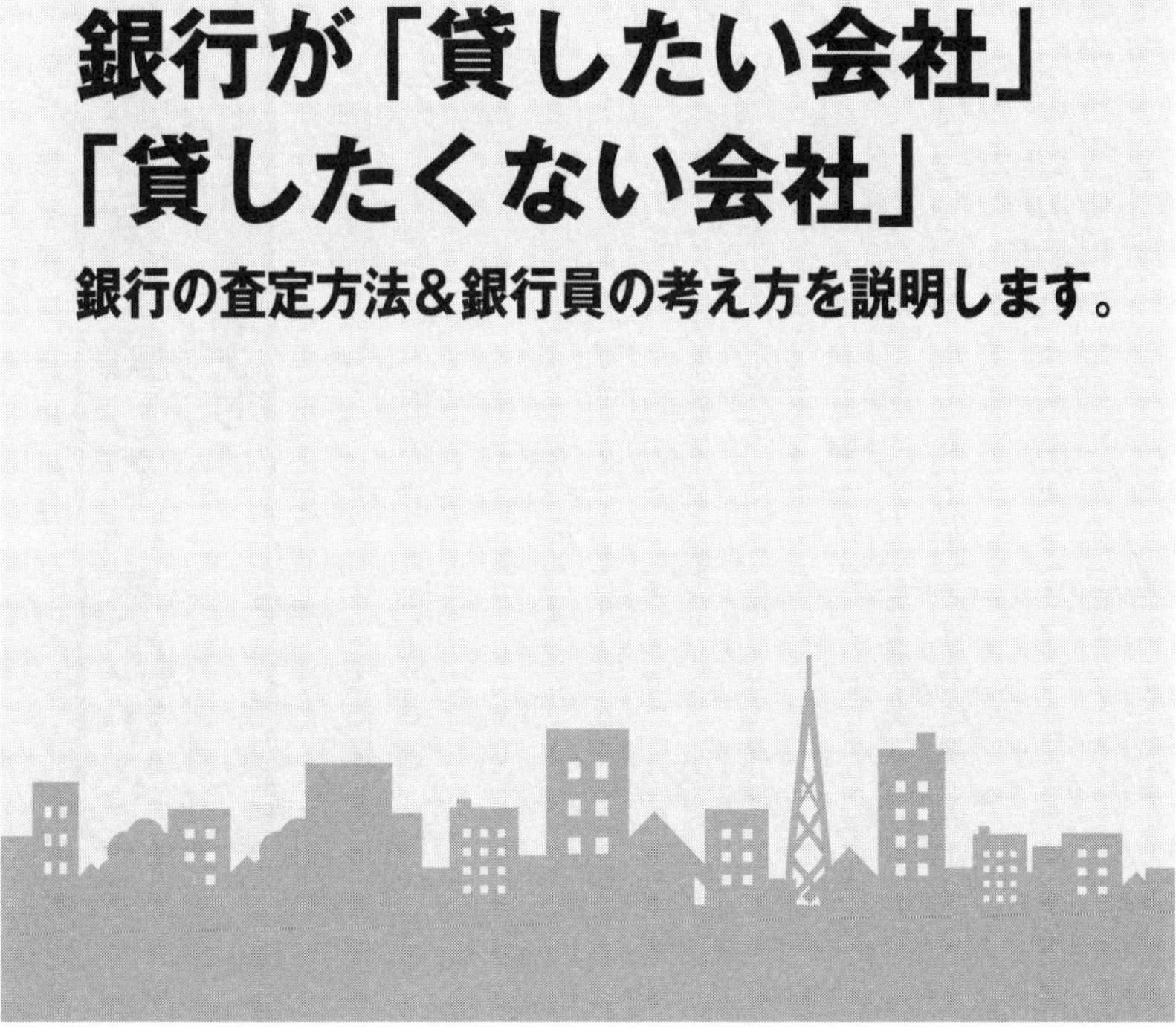

# 1 金融機関はあなたの会社の何を見て貸しているのか？

## 人柄や付き合いの長さよりも、最初に決算書ありき

本章では、金融機関側が、どのような基準で融資の審査をしているかについて説明していきます。どういう場合には融資がＯＫで、どういう場合には融資を断られるのか？　その原因はどこにあるのか？　を見ていきましょう。

単純に赤字だから融資を断られるのかというと、必ずしもそうとは限りません（これはホントです）。同じ会社で、業績も安定しているのに、なぜか以前の融資のときよりも条件が厳しくなったり、あるいは融資そのものを断られたりした経験のある経営者もいます。また逆に、どれほど厳しい審査をされるかと思って戦々恐々としていたのに、フタを開けてみれば意外とそうでもなかったという方もいるでしょう。

その理由は、じつは会社側にあるのではなく、金融機関側の融資の仕組みにあるのです。そもそも融資の審査の第1段階は決算書の評価にあるのですが、その評価の仕方に絶対的なルールがあるわけでもないのです。

## 金融検査マニュアルとは何か？

驚かないでいただきたいのですが、じつはかつて金融機関（以下「銀行」）が融資の審査をする際の基準に、絶対的な基準などはありませんでした。つまり、「こういう場合は絶

決算書が赤字でも融資は受けられる!?

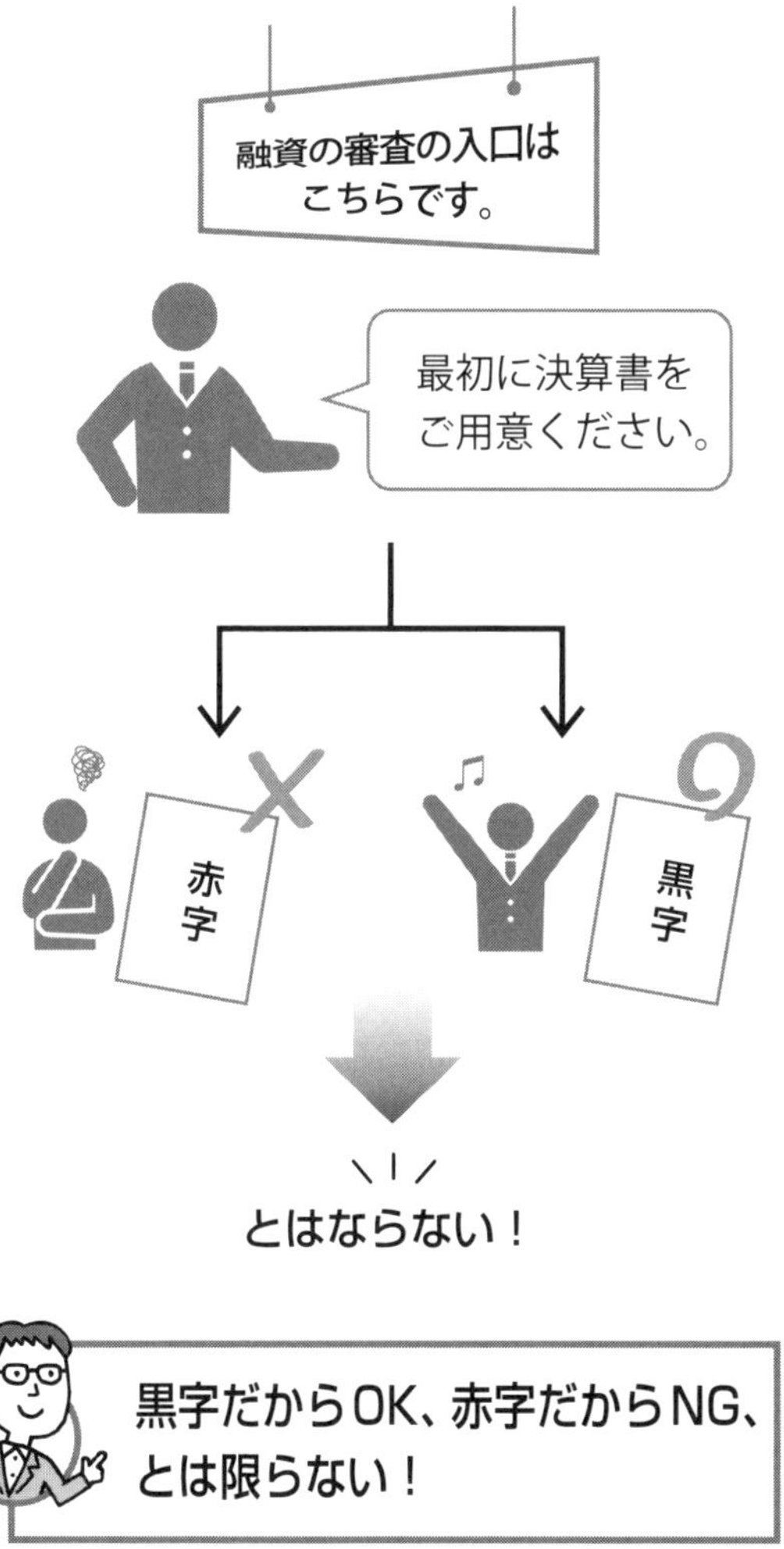
融資の審査の入口は
こちらです。
最初に決算書を
ご用意ください。
赤字
黒字
とはならない！
黒字だからOK、赤字だからNG、
とは限らない！

対に融資をしてはいけない」という基準は存在していなかったのです。

しかし、預金者のお金を預かり、融資をする銀行としてこれはあまりにも無責任ではないかということで、平成11（１９９９）年に全国の銀行の融資の際の目安となるものができました。その名を**「金融検査マニュアル」**といいます。

バブル崩壊後、**貸し渋りや貸し剥がし**という言葉が新聞紙上やテレビのニュースなどで躍り、銀行の融資のあり方が社会問題化したことがあった原因は、じつはこの「金融検査マニュアル」にありました。なぜなら、大企業の決算書から中小零細企業の決算書まで同じ目安で評価をしなさい、という内容だったからです。

その極端な例をあげると、「もし赤字が資本金以上になったのであれば、事実上経営破《は》綻《たん》していることになるから融資をしてはいけない！」というものでした。これでは、経営が不安定な中小企業には、銀行としても貸したくても貸せなかったというわけです。

## ◉中小企業は会社と家計が一心同体？

**貸し渋りや貸し剥がし**など社会問題化されたことを受け、金融検査マニュアル制定の3年後の平成14（２００２）年に「金融検査マニュアル別冊」として中小企業編が策定されました。

## 金融検査マニュアルの今と昔

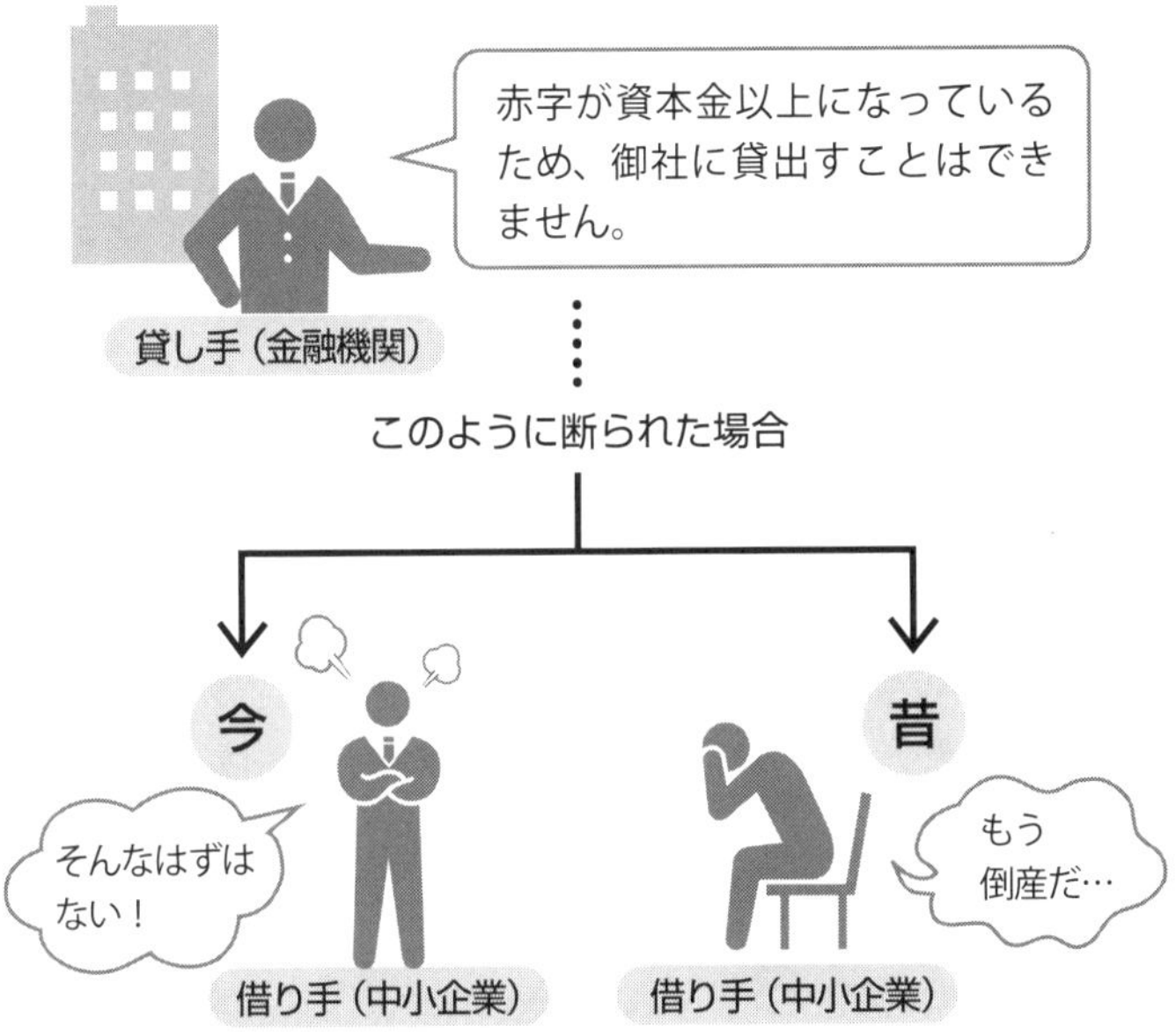

赤字が資本金以上になっているため、御社に貸出すことはできません。
貸し手（金融機関）
このように断られた場合
今
昔
そんなはずはない！
もう倒産だ…
借り手（中小企業）
借り手（中小企業）


◎かつては赤字が資本金を上回っていれば、有無を言わさず融資を断られていた。
◎現在の金融検査マニュアルではそうした決まり事はなくなっており、金融機関が金融検査を理由に融資を断ることはできない。

**したがって、融資を断られた場合は毅然とした態度で臨むべき。**

*「金融検査マニュアル別冊〔中小企業融資編〕」の資料を基に作成。

さらに平成16（２００４）年には、約４０００社からのアンケートや約２５０社からのヒアリングをもとに改定もされています。

「金融検査マニュアル（中小企業編）」は、中小企業への融資の際には決算書だけで評価することなく、それぞれの個別の事情を考慮しながら評価しなさいという内容です。具体的な事例が織り込まれ詳細な解説までされています。

たとえば、赤字の中小企業の場合などは、経営者（代表者とその家族）が自分の会社にお金を貸すことが多々あります。決算書だけを見れば資本金以上の赤字があっても、**経営者からの借入を資本金同様に見なせば赤字をカバーできる**場合もあります。こうした場合などは、資本金以上の赤字はないものとして評価してもいいですよ、と「金融検査マニュアル」には記されました。

また、**経営者になんらかの資産（預金や不動産など）がある場合には、会社の資産と合算して評価してもかまわない**ということなど、中小企業経営でありがちなさまざまな事情を考慮して融資の審査、その後の融資取引ができるようになりました。

一方で、融資を受ける側としても、銀行側に経営者の個人的な財政状態についての情報提供も必要になります。

## 経営者個人の資産も資本金として見てもらえる！

**事例**

家電販売業者Ｂ社のケース

- 近隣地区に大型量販店が進出した影響で、売上は減少、ピーク時の３分の２に。
- ２期連続の赤字を計上し、前期に債務超過となった。
- 連続赤字で債務超過にあるため、返済財源が捻出できない。
- 代表者が定期的に会社に貸し付けることによって返済しており、遅延もない。
- 最近、アフターサービスに力を入れており、その効果から赤字解消傾向にある。

**評価**

- 代表者からの借入金をＢ社の自己資本と見なせば、**債務超過ではない。**
- 債務の返済につき**延滞が発生していない。**

**以上のことから、**
**特段の問題のない貸出先と評価される。**

＊「金融検査マニュアル別冊〔中小企業融資編〕」の資料を基に作成。

# 2 企業格付けと自己査定とは何か？

## あなたの会社は格付けされている

では、「金融検査マニュアル」の登場から始まった、銀行の融資先への査定がどのようにされているのかを説明します。厳密には融資の審査の仕方ではなく、融資をしたあとの評価（査定）の仕方です。

### 決算書を見て融資先をランク付け

第1段階は、決算書をコンピュータに入力してのランク付けです。いわゆる**財務分析**による評価といってもいいでしょう。ただし、絶対的な評価ではなく、それぞれの銀行内のすべての融資先の中での相対的な評価です。よって、銀行内で自分の会社より利益率の良い会社が多かったり、売上の伸び率が高い会社が多かったりすると、低い評価を与えられてしまいます。「格付け」というと、上場企業などを評価する格付けと混同しそうになりますが、各銀行の独自の評価です。すべての銀行に共通しているのは、**資本金**以上の赤字がある（これを**債務超過**という）場合には、正常な融資先であると

## 銀行の自己査定のイメージ

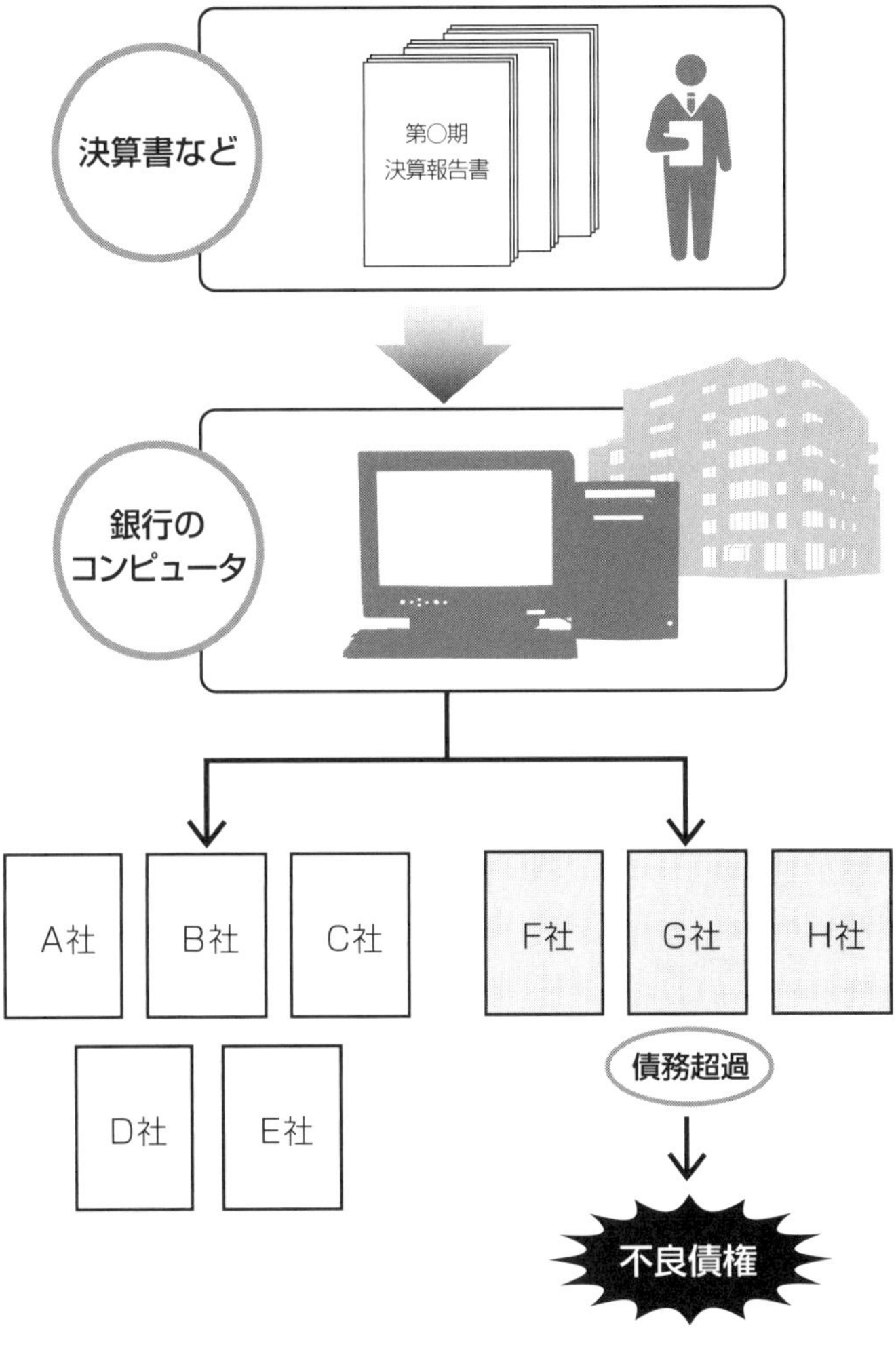
決算書など
第○期
決算報告書
銀行の
コンピュータ
A社
B社
C社
D社
E社
F社
G社
H社
債務超過
不良債権

いう評価は得られないということです。

## 銀行の不良債権ってどういう意味？

**自己査定**というのは、銀行の持っている貸出金や有価証券など（**貸借対照表**上では資産になる）を銀行自らが査定評価し、その結果を銀行の決算書に反映させることをいいます。つまり、「貸出金の評価＝融資先企業の評価」になります。

貸出金の評価とは、たとえば融資先企業の決算書が債務超過だとします。それが事実上経営破綻状態ということになれば、銀行にとっての資産である貸出金の回収が怪しいということになります。つまり、貸出金は**不良債権**となるという理屈です。

もし継続した取引のある中小企業で、経営者個人の資産状態が良好であり、情報開示の協力が得られれば、不良債権としない評価も可能にはなります。たとえは良くないかもしれませんが、「敗者復活」のような評価です。

ところが、初めての融資の場合は、たとえ経営者側から情報提供があったにせよ、いきなり敗者復活状態からの融資取引のスタートは銀行としては避けたいところです。銀行の融資の中には、決算書が「債務超過状態」にある場合には申し込み条件に該当しないこともありますので、事前に調べておきましょう。

## 経営者個人の資産状況で不良債権が正常債権へ敗者復活

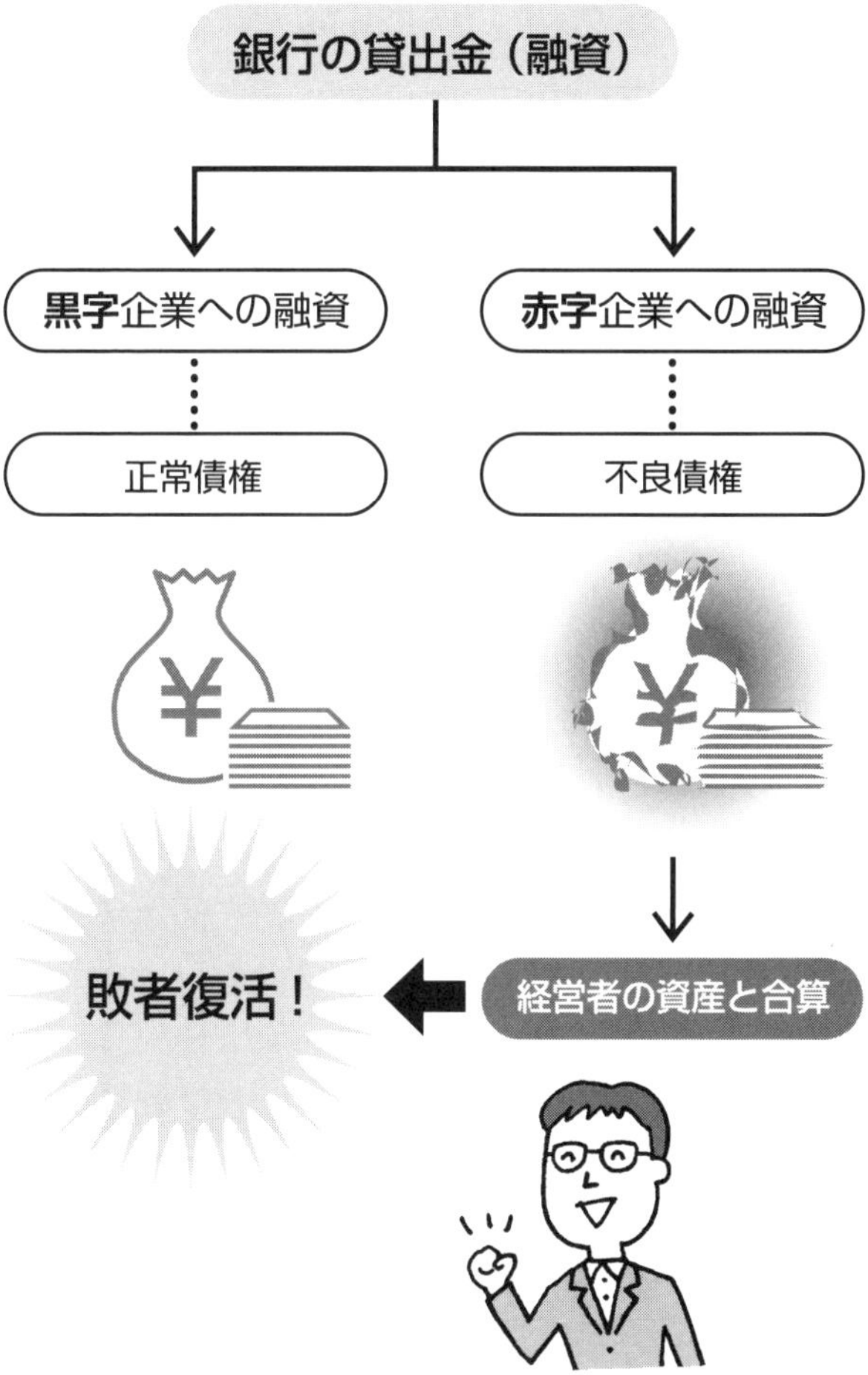
銀行の貸出金（融資）
黒字企業への融資
赤字企業への融資
正常債権
不良債権
¥
¥
敗者復活！
経営者の資産と合算

# 3 あなたの会社はどのように評価されているか？

## 5段階で評価されている

前節で銀行が融資先を査定していると説明しましたが、具体的に融資先をどのようにランク付けしているのでしょうか？

融資先の評価基準は次のような5段階になっています。

**正常先**…………業況が良好であり財務内容に特段の問題もなく、延滞もない。
**要注意先**………業況不調、財務内容問題あり。延滞先。貸出条件緩和先など。
**破綻懸念先**……経営難にあり、改善状況なし。長期延滞。
**実質破綻先**……深刻な経営難。再建の見通しなし。
**破綻先**…………破産などの法的手続き開始。取引停止処分発生先。

この評価は、①債務者の財務状況、②資金繰り、③収益力など、返済能力や債務返済の履行状況を判定して区分します。あくまでも資金を貸している銀行として、その貸出金の

## 銀行の融資先のランク付けイメージ

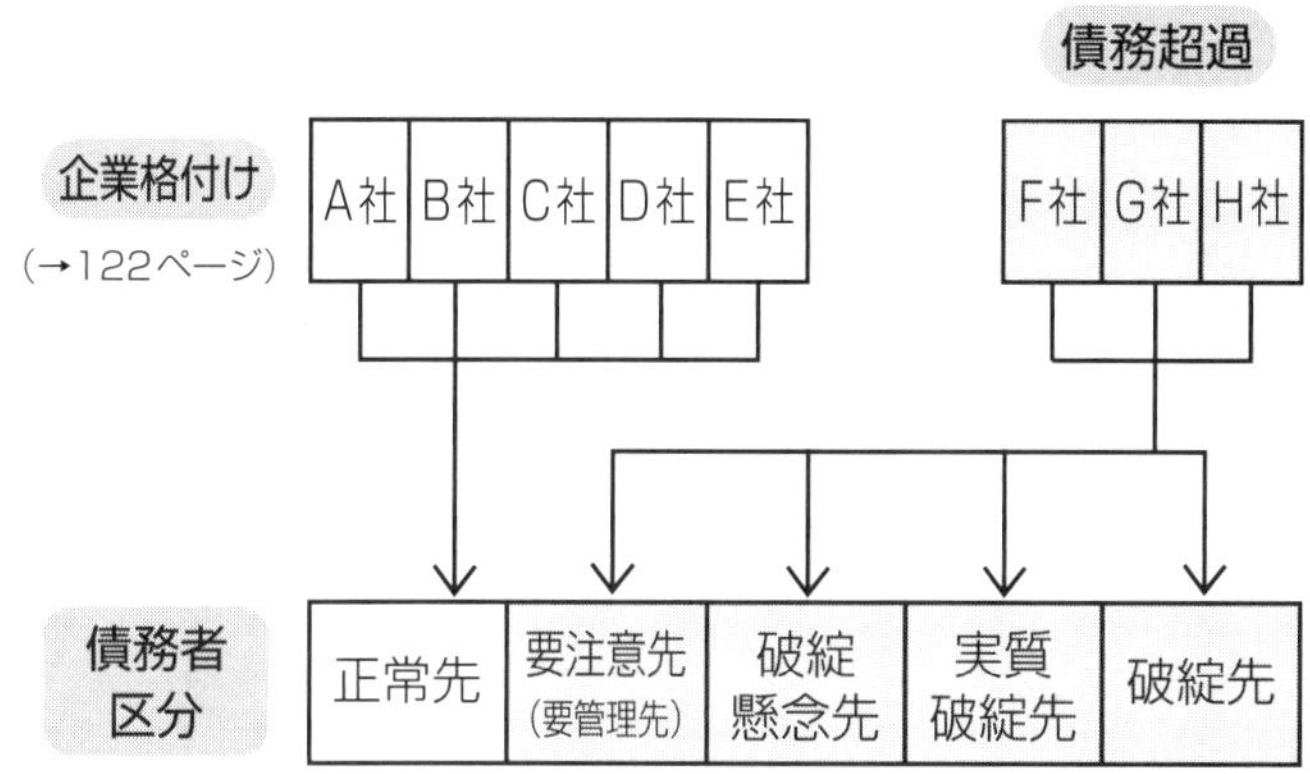
債務超過
企業格付け
(→122ページ)
A社
B社
C社
D社
E社
F社
G社
H社
債務者区分
正常先
要注意先
(要管理先)
破綻懸念先
実質破綻先
破綻先

返済の危険性を評価するのがこの自己査定です。ですから、よく言われている決算書の見方や分析とはちょっと違っています。

### ●債務者区分はまるで学校の内申書？

「正常先」「要注意先」「破綻懸念先」「実質破綻先」「破綻先」評価の目安は「金融検査マニュアル」に細かく書いてありますが、さらに銀行ごとにマニュアルが作成されています。もちろん、銀行ごとの取り扱い要項は部外秘ですし、債務者ごとの区分も非公開ですので、自分の会社が取引銀行からどのような評価をされているのかは正確にはわかりません。しかし、「正常先」であるかどうかは共通していますので、「正常先」であるか、それ以外であるかはわかります。「要注意先」以下は銀行ごとに微妙に違っているのです。

「正常先」になる「良好な財務状況」というのは、決算書が債務超過の状態ではなく、当期利益も赤字の状態ではないことです。

## ●――決算書はさらに実質的な評価もされる！

決算書の評価は、名目的な文面をそのまま評価するだけではありません。さらに実質的な評価もされます。

決算書の資本の部にマイナスがなくても、貸借対照表の資産の部に現時点で価値のないものがあったとしたら、その分だけマイナスにされてしまいます。たとえば、社長への仮払金、値段が高いときに買った土地やゴルフ会員権など、「現在の時価との差がある資産」（不良債権）は評価されません。

また、銀行からの借入金には、不動産などの担保を提供する場合があります。もし、その担保不動産が、価格の高いころの評価で銀行が貸出を行っていて、現在の評価が貸出したころの評価より下がっていれば、担保割れになってしまいます。銀行としては、その下がった評価分の貸出金は無担保貸出金という評価になってしまうのです。この状態にプラスして、決算書の業績が思わしくない状態が続いているとしたら、貸出金の回収に懸念を抱く、という評価区分になってしまうのです。

このように、債務者（融資先）の財務状態などにより区分を行い、その結果として銀行は**貸倒引当金**の計上を行うのです。貸倒引当金については次節で説明します。

## 銀行は実質的な資産の価値をチェックしている

**企業のバランスシート例**

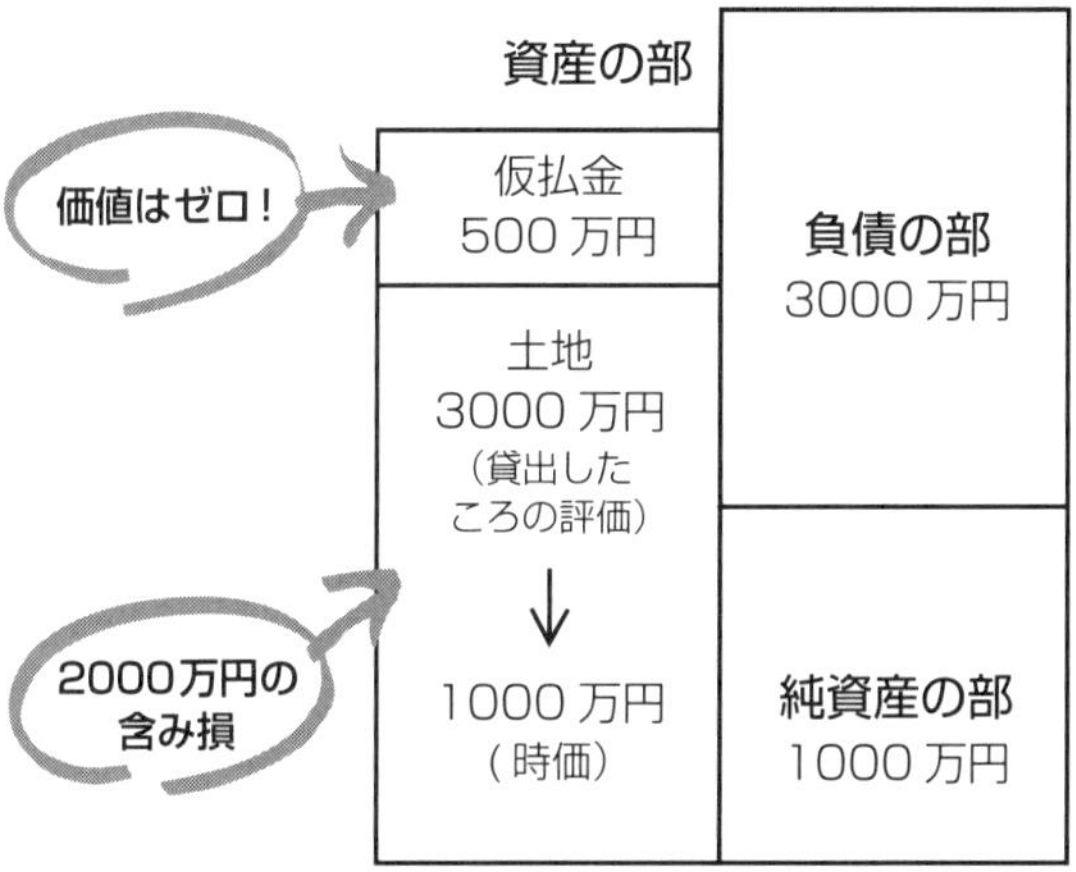

資産の部
価値はゼロ！
仮払金
500万円
負債の部
3000万円
土地
3000万円
（貸出したころの評価）
1000万円
（時価）
2000万円の含み損
純資産の部
1000万円


**債務者の財務状態**

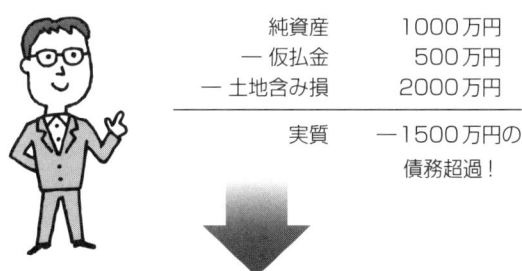

| | |
|---|---|
| 純資産 | 1000万円 |
| ー 仮払金 | 500万円 |
| ー 土地含み損 | 2000万円 |
| 実質 | ー1500万円の債務超過！ |

**銀行は無担保と見なし、貸出金の回収に動く。**

# 4 どんな会社が銀行に不良債権処理されるのか？

## 貸倒引当金の引当率が上昇していくと銀行に切られる

**貸倒引当金**とは、**売掛金（銀行の場合は貸出金）**の中で、回収が困難な不良債権があった場合、その額を見積って事前に売上（銀行の場合は貸付利息）から差し引かれる理論上の費用のことで、会計上の決まりです。貸倒引当金は経費として認められないため、**法人税**の対象となります。

つまり、銀行としては融資先の業績が悪化すると、貸倒引当金が増えて決算も赤字になり、法人税まで支払うという二重苦になるわけです。

貸倒引当金の見積り方法は、過去の自分の会社（銀行）内の貸倒実績を基にしています。ということは、貸倒の多い銀行ほど、その**引当率**は跳ね上がっていきます。

銀行は融資先企業を5段階にランク分けしていますが、貸倒引当金の引当率は4つ（非分類〜Ⅳ分類）に分類します。これらの引当率は銀行ごとに決められていることもあり、非公開になっていますが、おおよその目安は次ページのようになります。

ただし、Ⅱ分類やⅢ分類は引当率にある程度の幅があります。そして、その中でさらに

## 貸倒引当金とは？

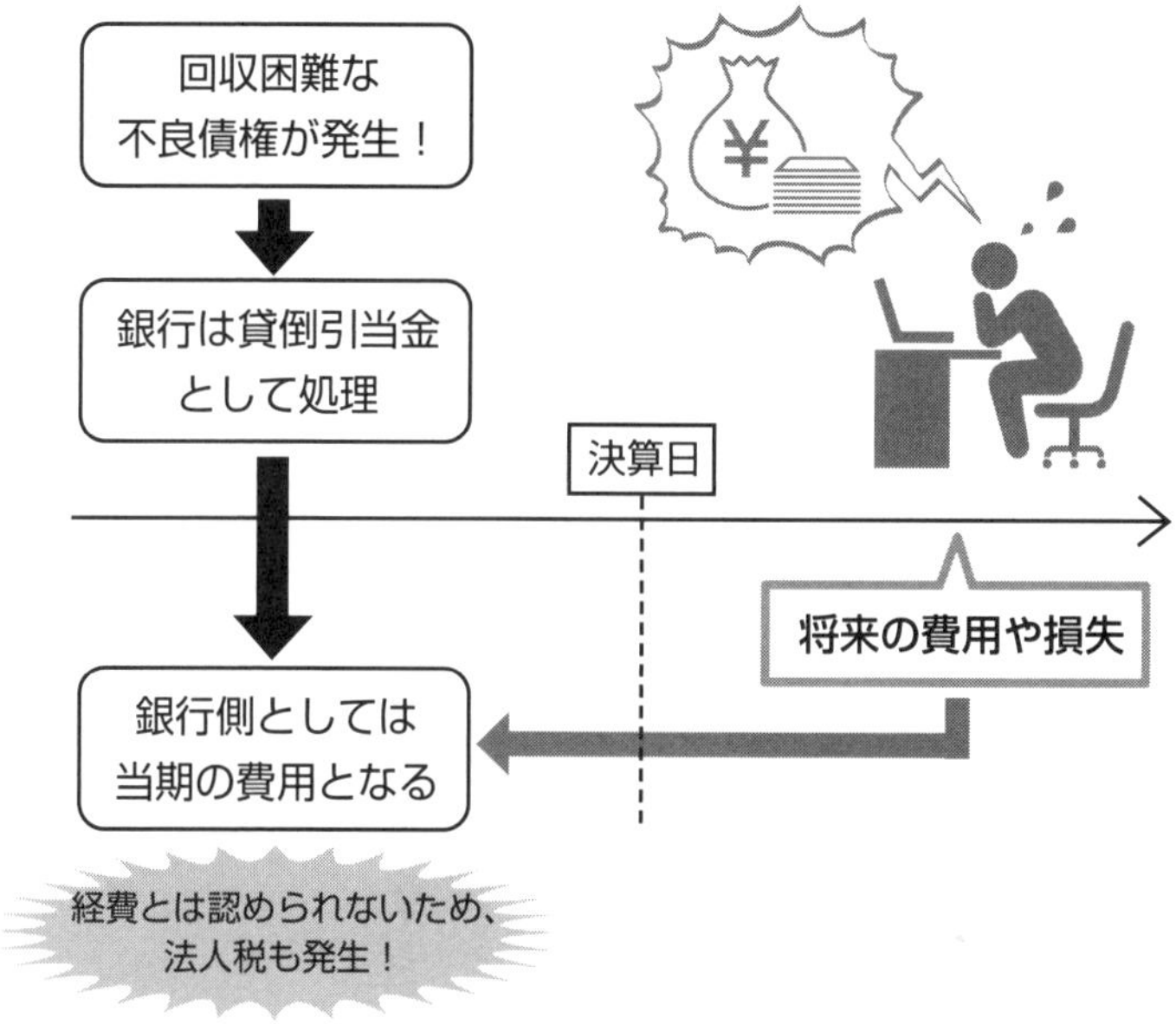
回収困難な
不良債権が発生！
銀行は貸倒引当金
として処理
決算日
将来の費用や損失
銀行側としては
当期の費用となる
経費とは認められないため、
法人税も発生！

## 貸倒引当金の引当率の自己査定イメージ

| | |
|---|---|
| 非分類 | 引当なし |
| Ⅱ分類 | 数％～20％ |
| Ⅲ分類 | 50～70％ |
| Ⅳ分類 | 100％ |

細分化されて、銀行ごとに引当率を決めています。

たとえば、あなたの会社への貸出金が財務状況などさまざまな要素からⅡ分類に分類されていて、その引当率が5％だとしたら、銀行から見たあなたの会社への収益はどうなると思いますか？

あなたの会社の銀行からの貸出金利が5％以下だったとしたら、その年の銀行のあなたの会社との収益はマイナスです。貸出金利より**貸倒引当率**が上回ってしまったら、銀行の決算上はあなたの会社に対しては赤字になってしまうのです。

当然、連続赤字が続いていたり、資金繰りが悪化していれば、その区分はどんどん下がっていきます。そうなれば、引当率はどんどん上昇していくわけです。

## ◉ 融資ごとに貸倒引当金を計上する

ここで、融資に対する貸倒引当金について具体的に説明します。

査定での区分（**債務者区分**）は会社ごとでの区分でしたが、貸倒引当金の計上（これを分類という）は融資ごとに行います。

たとえば、**会社としては破綻先であっても、ある融資について信用保証協会の保証が付いていれば、その融資に関しては貸倒の危険はありませんから、貸倒引当金の引当も必要**

## 融資の種類によっては貸倒引当率がかからない場合も

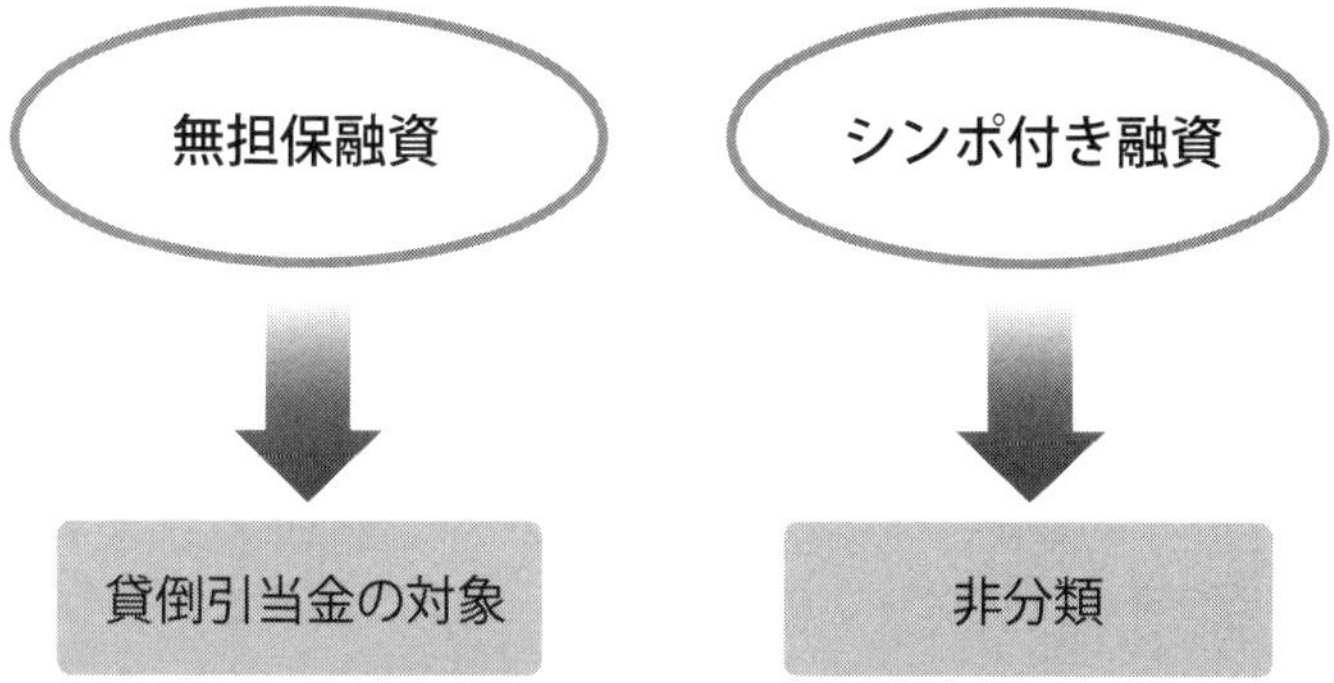


※担保の価値が下がった場合は、その分だけ無担保状態となるので貸倒引当金の対象となる。

**ありません。**

仮に、ある会社の区分が破綻懸念先で、その会社に対する融資がすべて無担保無保証融資であったとして、すべての融資がⅢ分類で貸倒引当率が50%だったとしましょう。その融資総額が1億円だったとすると、貸倒引当金は5000万円となります。そうして、銀行の決算の際には、5000万円が銀行の損益計算書に「貸倒引当金繰入」として計上されるのです。

ちなみに、この場合の貸倒引当金繰入の5000万円は、銀行の損益計算書に計上されても、税務申告上は「損金」となりませんので、銀行は法人税を払うことになるのです。

## 5 なぜ銀行は初めての取引先への融資に二の足を踏むのか?

### ➡銀行は貸したとたんに貸倒引当金を計上することを避けたい

前項までで銀行の融資を取り巻く状況はご理解いただけたと思います。

毎年定期的な貸出金（貸出先）の**自己査定**による貸倒引当金の計上というのが、金融機関の融資の現場の状況なのです。

こうなってくると、新規の融資（とりわけ初めての取引先への融資）は難しくなってきてしまいます。もちろん、取引先の決算書の財務状況に問題がなく業績好調であるというのなら、銀行としても型どおりの審査ですみますから問題なく融資できます。

ところが、決算書の表面は赤字や債務超過ではないけれども、よくよく資産の中身を見ると実質債務超過になりそうな場合などは、銀行は融資に二の足を踏んでしまいます。なぜならば、貸したとたんに貸倒引当金を計上する羽目になってしまうからです。融資した初年度から貸倒引当金を計上すると、銀行は決算上赤字で貸すのと同じことになってしまいます。**会社側とすれば、決算書の状態が悪くなってから、初めての銀行に融資を申し込むのは避けたほうがいい**ということです。

## 銀行が初めての会社の融資に慎重になる理由

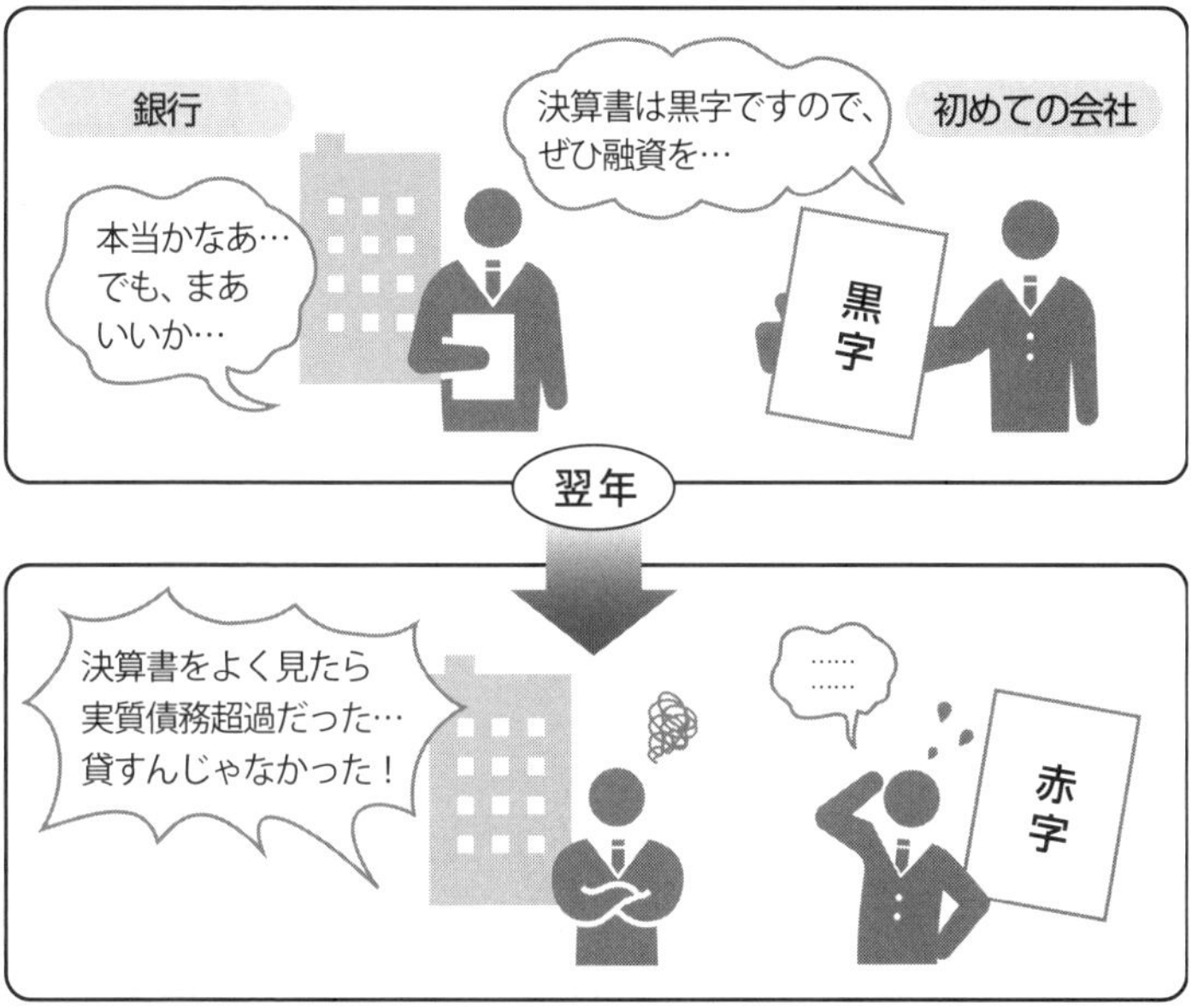
銀行
決算書は黒字ですので、ぜひ融資を…
初めての会社
本当かなあ…でも、まあいいか…
黒字
翌年
決算書をよく見たら実質債務超過だった…貸すんじゃなかった！
……
……
赤字

貸したとたんに貸倒引当金を計上。
銀行としては決算上は赤字でお金を貸すようなもの。

**だから、経営者が新しい銀行に融資の申し込みをするタイミングは、決算書の状態が本当に良いときに限る。**

# 6 あなたの会社は不良債権として公表されている？

## 銀行は債務者区分ごとの融資残高を発表している

ここまで説明してきたように、あまり業績の良くない中小企業向け融資の多くに**シンポ付き融資**が行われているのは、銀行側が貸倒引当金の繰入を避けるためだということを理解していただけたと思います。

ならばシンポ付き融資であれば、万一のことがあっても貸したお金を取り戻せるので銀行側にデメリットはないかといったら、じつはそうではありません。

シンポ付き融資といっても、借金は借金です。当然、銀行側の融資残高に計上されます。

そして、１２２ページの自己査定による各債務者区分の結果である融資残高は、銀行の**「決算情報誌」（ディスクロージャー誌）**で公表されているのです！　銀行の窓口の待合席などにも置かれていますし、各銀行のホームページなどでも公表されていますので、自由に見ることができます。

俗に、この債務者区分で正常先以外の融資残高を**不良債権**といい、融資残高全体に対しての割合を**不良債権比率**といいます。銀行としては、貸倒引当金の繰入を避けたいのはも

郵便はがき

料金受取人払郵便

牛込局承認

3052

差出有効期限
平成28年5月
31日まで

162-8790

東京都新宿区揚場町2-18
白宝ビル5F

フォレスト出版株式会社
愛読者カード係

| | |
|---|---|
| フリガナ<br>お名前 | 年齢　　　歳<br>性別（ 男・女 ） |
| ご住所　〒<br>☎　（　　）　FAX　（　　） | |
| ご職業 | 役職 |
| ご勤務先または学校名 | |
| Eメールアドレス<br>メールによる新刊案内をお送り致します。ご希望されない場合は空欄のままで結構です。 | |

フォレスト出版の情報はhttp://www.forestpub.co.jpまで!

# フォレスト出版　愛読者カード

ご購読ありがとうございます。今後の出版物の資料とさせていただきますので、下記の設問にお答えください。ご協力をお願い申し上げます。

●ご購入図書名　「　　　　　　　　　　　　　　　　　」

●お買い上げ書店名「　　　　　　　　　　　　　　」書店

●お買い求めの動機は？

1．著者が好きだから　　　2．タイトルが気に入って

3．装丁がよかったから　　4．人にすすめられて

5．新聞・雑誌の広告で（掲載紙誌名　　　　　　　　　　）

6．その他（　　　　　　　　　　　　　　　　　　　　　）

●本書についてのご意見・ご感想をお聞かせください。

●ご意見・ご感想を広告等に掲載させていただいてもよろしいでしょうか？

□YES　　　□NO　　　□匿名であればYES

ちろんですが、不良債権比率も極力低く（少なく）抑えたいのです。不良債権比率が高ければ高いほど、銀行としても危ないということになるからです。

## 某銀行のディスクローズ情報で見た不良債権比率

単位：百万円

| 区　分 | | 債権額 |
|---|---|---|
| 破産更生債権及びこれらに準ずる債権 | 平成 24 年度 | 2,594 |
| | 平成 25 年度 | 2,758 |
| 危険債権 | 平成 24 年度 | 1,557 |
| | 平成 25 年度 | 2,128 |
| 要管理債権 | 平成 24 年度 | 63 |
| | 平成 25 年度 | 52 |
| 不良債権計 | 平成 24 年度 | 4,214 |
| | 平成 25 年度 | 4,938 |
| 正常債権 | 平成 24 年度 | 34,683 |
| | 平成 25 年度 | 33,873 |
| 合　計 | 平成 24 年度 | 38,897 |
| | 平成 25 年度 | 38,811 |

いずれの年度も
不良債権比率は
10%を
超えている。

不良債権比率が高ければ高いほど、銀行の破綻の可能性が高まることを意味しているので、銀行としては、この不良債権比率を極力下げたい。

＊某銀行のディスクローズ情報を基に作成。

## 7 決算書以外は評価されないのか？

### もちろん経営者の人柄や企業の成長性なども評価される

銀行は決算書でしか融資先の企業を評価しないのでしょうか？

けっしてそんなことはありません。経営者の人柄（あくまでも経営者としての人柄です）や、企業の将来性、成長性などの評価もしないわけではありません。しかし、こうした評価は数字のように目に見えるものではありません。よって、企業側からの積極的なアピール、できるだけ形になるような情報提供として銀行への協力をすることが必要です。

たとえば、あなたの会社が特殊な技術があったとするならば、その特殊性がわかるような業界内での情報誌などに掲載された記事など、**「紙」という形での資料提供であっても、評価を上げるのに貢献します。**また、債務超過であれば、**今後の改善計画があるだけで評価を上げることができる**可能性もあります。

そもそも、本書に掲載されているような資料（↓150ページ）などの計画書をつくっている会社と何もつくっていない会社があったとしたならば、どちらが印象が良いでしょうか？　もちろん、計画書をつくってある会社のほうが良い評価がえられます。

## 経営改善に向けた取り組みは高く評価される

### 事例

飲食店E社のケース

**改善案**

近年売上が減少し、債務の返済が難しくなったため、F信用金庫に返済条件の緩和（5年間の返済猶予）を申し出た。改善案は、不採算部門である飲食業からの撤退と仕出し弁当への特化による黒字化を目指すこと。

- 連続して赤字を計上し、債務超過に陥っている。
- 前々期の売上は計画の2分の1、また利益も黒字化できず、小額の赤字に。
- 前期には、F信用金庫とE社が売上の未達成原因を分析し、その原因解消に努めた結果、売上、利益ともに計画比で7割程度の達成状況となっている。

### 評価

- 前々期に作成した経営改善計画の達成は困難であり、さらなる返済期間の延長が必要。
- 今後の事業展開は明確で、返済を再開するなど**経営改善への取り組みが進行**。

以上のことから、注意は必要だが、
**経営破綻に陥る可能性は高くない貸出先**
と評価される。

＊「金融検査マニュアル別冊〔中小企業融資編〕」の資料を基に作成。

# 8 銀行の評価を良くする秘訣とは？

## 規模の違う複数の銀行から融資を受ける

**決算書**の評価を良くするコツを一言でいうと、決算書の財務分析の各比率を良くすることが、そのまま銀行の評価を良くすることに直結します。

しかし、116ページで説明したように、銀行の評価というのはその銀行内での相対的な評価であって、絶対的な評価ではありません。さらに、同じ会社への評価であっても、A銀行の評価とB銀行の評価は一致していません。そして、外部からはこれを確かめることもできません。さらに、同じ規模（銀行の種類や預金量など）の銀行との取引だけでは、融資先も同じような会社になりがちのため、その中での評価もまた同じくらいになりがちなので、規模の違う複数の銀行と融資取引をしておくということも有効な対策です。

また、融資先への評価＝銀行の業績に直結していますので、**業績の良い銀行は融資先への評価も厳しくなる**傾向にあります。逆にいうと、**業績の良くない銀行は融資先への評価も甘くなりがち**ともいえなくもありません。

以上のことから1つの銀行とのみ融資取引をするのではなく、**規模の違う複数の銀行と**

取引をしておいたほうが、より良い評価をしてもらえる可能性が高まるともいえます。

### 複数の銀行と取引したほうがリスクヘッジになる

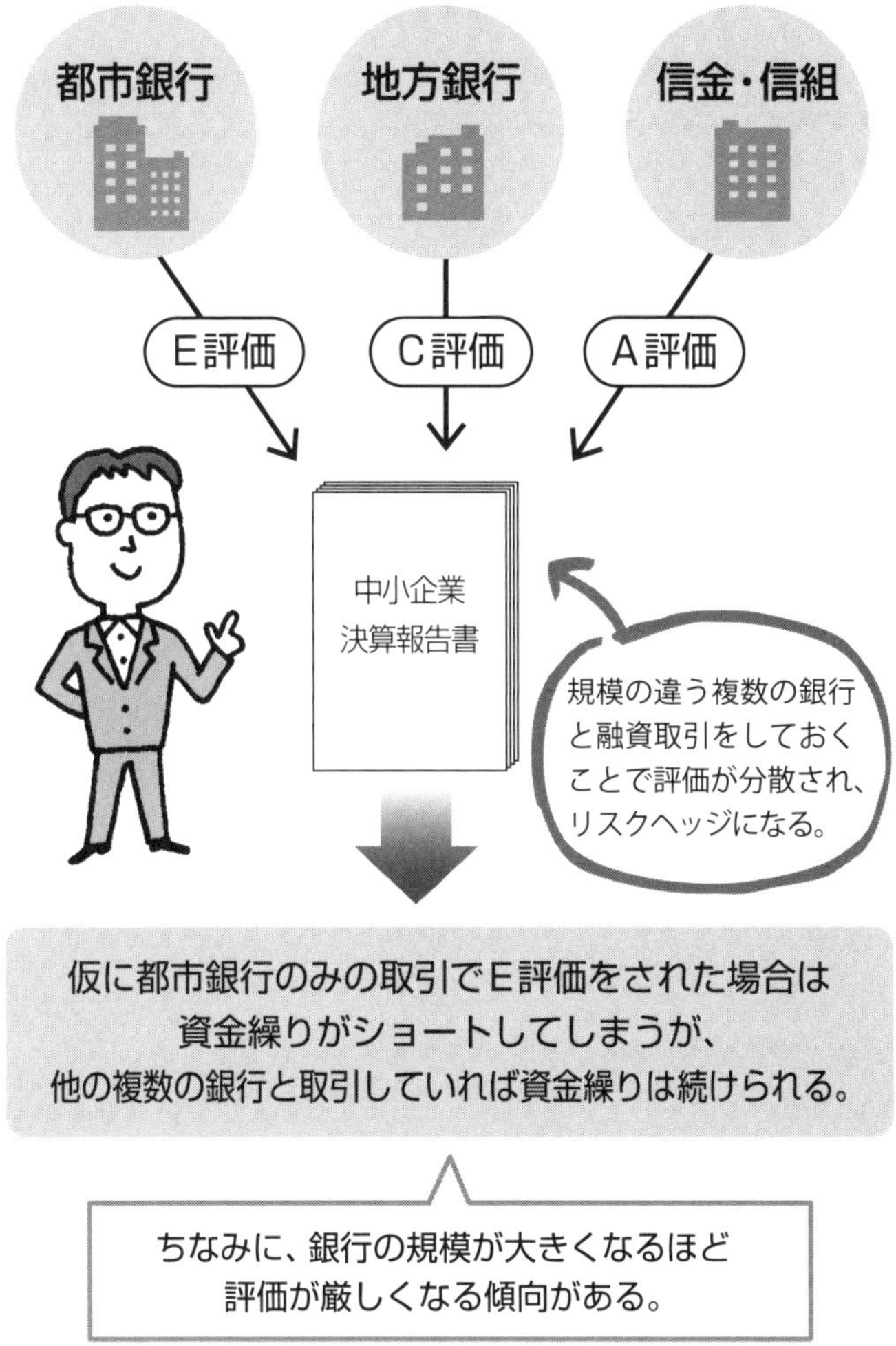

都市銀行
地方銀行
信金・信組
E評価
C評価
A評価
中小企業
決算報告書
規模の違う複数の銀行と融資取引をしておくことで評価が分散され、リスクヘッジになる。
仮に都市銀行のみの取引でE評価をされた場合は
資金繰りがショートしてしまうが、
他の複数の銀行と取引していれば資金繰りは続けられる。
ちなみに、銀行の規模が大きくなるほど
評価が厳しくなる傾向がある。

## コラム❸　返した実績はもちろん、借りた実績も評価される

会社の業績にかかわらず、銀行と上手に付き合うコツは、複数の銀行から定期的に融資を受けておくことです。

融資係として何が怖いかって、１行取引と創業融資（最初の融資）をすることです。

だって創業融資って、まさにこれから起業、開業するわけじゃないですか。どうなるかは誰にもわからんわけですよ。

たとえ過去の決算書で黒字決算が続いていたにせよ、これまで融資を受けたことのない会社に対して最初に融資をするのは怖い。

私がコンサルタントとして困る経営者は、創業から数年間自己資金だけで経営したものの、赤字決算が続いて自己資金が底をついてから融資の相談に来る方です。これではほぼお手上げです。

過去の実績は赤字、しかも融資を受けたこともないわけだから、リスケ（→ 184 ページ）も返済猶予も当然できっこない。今後の計画をつくったところで、赤字続きの実績を考えれば信用もされない……。

やはり最初が肝心です。融資は受けられるうちに受けて、実績をつくっておきましょう。実績とは借りた実績と返した実績です。それが、困ったときに借りられるようになるコツです。

# 第4章

# 融資が受けやすくなる銀行交渉術と資料づくり

## 交渉の場で必要な心構え＆簡単資料を説明します。

# 1 銀行員はどこまで資金繰りについて理解しているのか？

## 対中小企業についてはそれほどわかっていない！

本章では、融資の際に必要とされる**資料**のつくり方と、**融資交渉**の際の話し方や心構えを中心に説明していきます。

### 融資交渉の極意は資料づくりにあり！

銀行から融資を上手に受ける極意を一言でいうと、**資料づくり**にあります。

本章で述べる資料をつくれたのであれば、融資交渉は終わったも同然です。だからといって勘違いしてはいけないのは、融資の審査の基準は、その資料づくりの審査ではないということです。資料の出来の良し悪し＝融資の可否に直結するわけではありません。

資料づくりの最大の目的は、融資の申し込みの際になぜ融資が必要になったのか？　いくら必要なのか?などについて、きちんと銀行員に対して話せるようになることです。ということは、銀行員に対して話せるようになるために、資料をつくることを通して自分の頭の中に数字をきちんと入れておくということです。

## ◉——銀行員は企業の資金繰りについてはわかっていない！

銀行員は決算書の見方や財務分析など何でもわかっていると勘違いしてはいけません。もちろん、知識としてはかなり学んではいます。銀行に入行してからは職務検定試験といって、法務・財務・税務などさまざまな検定試験を受けさせられます。その内容は、上級のクラスになるとかなりの高レベルになります。ところが、中小企業の融資審査の現場というと、その学んだものが役に立つことはありません。なぜならば、融資の現場で目にする中小企業の決算書などの資料で教科書に出てくるようなものに出くわすことなどないからです。まして、企業の実際の資金繰りについては学んではいないのです。

具体的に本書の内容でいえば、銀行員が学ばされているのは、おもに第2章と第3章に関してのことです。第2章は融資そのものについてですから、銀行員としては当然のことです。第3章は企業の決算書の評価についてですが、決算書は融資をしたあとの結果であって、資金繰りに関してではありません。つまり、あなたの会社の資金繰りはあなたにしかわからないのです。そして、融資を受けたあとの返済などについても、あなたにしかわかりません。この、**銀行員は必ずしも資金繰りについてよく理解しているわけではないんだ、という前提に立って資料をつくり、交渉することが大切**です。

## 2 銀行員が聞きたい企業概況とは？

**銀行と良好な関係を築いている経営者は次の6つの話をする**

それでは、銀行の融資担当者と会ったときに話すべきことについて説明します。

**① まずは自分の業界全体の感じは？**

ここで間違ってはいけないのは、いきなり日本経済や世界経済について語りだしたりしてはいけません。銀行員が知りたいのは、あなたの業界の全体的な経営環境なのです。

**② その中であなたの会社の現況は？**

その経営環境の変化の中で、あなたの会社がどういう影響を受けたのかを話します。具体例としてはお客の数の増減や売上単価の上下などといった内容になります。いってみれば消費者の動向とライバル企業の様子、その中での自分の企業への影響を話すわけです。

**③ その結果が決算書にはどう映っているか？**

前年の決算書と比較してみて、どうなったのか（増収増益、増収減益、減収増益、減収減益のうち1つ）、どうしてそうなったのかを簡単に説明します。銀行員は経営者との①や②の話の中から前期比較決算の理由を探しているのです。

**④そしてこれから（今期・来期）はどうするか？**

①～③の観点から、今後どう取り組んでいくのかを銀行員はもっとも知りたがります。「景気が回復するのを待ちます」などでは当然ダメです。古くなった店舗を改装したいとか、新しい仕入れ先の開拓をしたいとか、あるいは逆に閉店したお店があるとか、そんなに難しく考える必要はありません。

**⑤だから（銀行に）どうしてほしいのか？**

お金を借りたいのか、返す額を減らしてほしいのか（これについては次章で詳しく述べます）、しかありません。現実的な話の順番としては③を最初に話すことになります。しかし、借りたい一心で今後バラ色になるような④ばかり話していては「何言ってるの？」と思われます。だからといって、返済を減らしたいばかりに「いかに自社の現状が苦しいか」や①や②のお先真っ暗な話ばかりでもいけません。

## ⑥ではいくら必要か？　その理由は？

ここでは具体的な数字をあげなければなりません。①～⑤の話を根拠にして実際に必要な金額を提示します。大切なのは、「いくらでもいい」という態度ではダメだということです。

銀行との長年の付き合いの中で、担当者が代わろうが支店長が転勤しようが、業績に関係なく比較的円満な関係を築かれている方がおります。そういう経営者というのは、折に触れ融資を受けている銀行の人と会ったときに、①～⑥の話をしているものです。これらの一見世間話とも感じられそうな話の中から、銀行員はあなたの会社の業況をつかむのです。

融資担当者との面談は試験ではありません。したがって、この6項目を順番どおりに説明する必要はありません。場合によっては⑥から逆の順番で融資担当者から質問されることもあるでしょう。

そして、あなた自身も、これらの話を通じて銀行員の融資に対する姿勢を感じてください。

## 銀行員に話すべき6つのこと

①業界全体の状況

最近郊外にも大型量販
店が増えはじめ、町の
小さな電器店がどんど
ん消えています。

②会社の現況

実は隣町にも大型量
販店ができて、売上
がピーク時の3分の
2になりました。

③その結果、決算書は……

連続赤字で債務超過
にある状態です。

④これからどうするのか？

最近○○○が好評で
今期は売上が増えそ
うです。

⑤銀行にしてほしいこと

ついては増加する
運転資金の融資を
お願いします。

⑥いくら必要なのか？

具体的には200万円の
融資をお願いしたい
です。

## 3 銀行員を貸す気にさせる超簡単資料3点セット＋αとは？

### 細かいところを気にせずに、6枚程度におさめる

ここから、資料のつくり方について具体的に説明していきます。もし、前項の銀行員と話すべき項目が思い浮かばなかった場合には、この資料づくりから入るといいでしょう。実際に資料をつくることで、自分の会社の変化に気がつくからです。

用意する資料は、**「簡単月次損益実績（計画）表」**、**「資金繰り実績・予想表」**、**「経営改善計画書」**の3点です。ただし、複数行からの借入がある場合は**「どこから借りたか一覧表」**、**「担保物件一覧表」**、**「いくらずつ返すか一覧表」**の3点も必要になります。

とにかく、細かいところを気にせずに書くのがコツです。6点というと多く思われるかもしれませんが、それぞれ1枚ずつの資料なので計6枚程度になります。

これらの資料は、私の銀行員としての経験やコンサルタントとしての経験、つまり、実際にクライアントのリスケを手助けさせていただいた経験を通じて構築してきたものです。ですから、自信を持っておすすめできる資料になっています。

## 用意する超簡単資料

**銀行員に貸す気にさせる資料3点**

簡単月次
損益実績表
（計画）

→ 152ページ

資金繰り実績・
予想表

→ 156ページ

経営改善
計画書

→ 160ページ

＋

**複数行から借入がある場合はさらに3点**

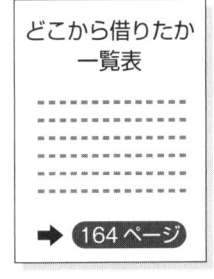

どこから借りたか
一覧表

→ 164ページ

担保物件
一覧表

→ 166ページ

いくらずつ返すか
一覧表

→ 168ページ

**それぞれ1枚ずつ、計6枚！**
**細かいところは気にせず、ある程度大雑把に！**
**1日あればすべてつくれる！**

各種資料のフォーマットについて、本書巻末でダウンロードの案内をしています。

# 4 「簡単月次損益実績表」をつくるポイントとは？

## 前期12カ月分の実績と今期の予想を作成

では、手始めに**簡単月次損益実績表**のつくり方を説明しましょう。

前期の実績を振り返ることによって、**簡単月次損益計画表**をつくるうえでの参考にするための表です。計画だけをつくって銀行に提出した際に、「何を根拠に計画を作ったのか？」と質問された場合には、この前期の実績表を提出するといいでしょう。

まず前期1年分の毎月の損益の概数を左ページのような一枚の表にしてみます。表の上から、売上高、売上原価、売上総利益、販売費及び一般管理費の合計、営業利益、営業外収益（雑収入など）、営業外費用（支払利息など）、経常利益という順番で、過去12か月分の損益の実績を写し書きします。

この表のポイントの1つ目は、**販売費及び一般管理費は合計の記載でいい**ということです。いちいち経費科目ごとの記入は必要ありません。ただし、内訳として人件費と減価償却費は別書きするようになっています。こうしてまとめて書いたほうが銀行員も見やすいのです。

# 簡単月次損益実績表

Ⓐ

債務者名:　　A社　27年3月期実績　　（金額単位：千円）

| | 26年4月 | 26年5月 | 26年6月 | 26年7月 | 26年8月 | 26年9月 | 上期計 | 26年10月 | 26年11月 | 26年12月 | 27年1月 | 27年2月 | 27年3月 | 下期計 | 合計 |
|---|---|---|---|---|---|---|---|---|---|---|---|---|---|---|---|
| 売上高 | 5,200 | 4,800 | 5,300 | 5,200 | 5,000 | 4,900 | 30,400 | 5,100 | 5,500 | 6,200 | 5,700 | 5,800 | 6,1[illegible]0 | 34,400 | 64,800 |
| 計画 | | | | | | | | | | | | | | | |
| （計画比%） | | | | | | | | | | | | | | | |
| 売上原価 | 3,900 | 3,600 | 4,000 | 3,900 | 3,800 | 3,700 | 22,900 | 3,800 | 4,100 | 4,600 | 4,300 | 4,400 | 4,6[illegible]0 | 25,800 | 48,700 |
| 計画 | | | | | | | | | | | | | | | |
| （計画比%） | | | | | | | | | | | | | | | |
| 売上総利益 | 1,300 | 1,200 | 1,300 | 1,300 | 1,200 | 1,200 | 7,500 | 1,300 | 1,400 | 1,600 | 1,400 | 1,400 | 1,5[illegible]0 | 8,600 | 16,100 |
| 計画 | | | | | | | | | | | | | | | |
| （計画比%） | | | | | | | | | | | | | | | |
| 販管費 | 1,100 | 1,100 | 1,100 | 1,100 | 1,500 | 1,100 | 7,000 | 1,100 | 1,100 | 1,500 | 1,100 | 1,100 | 1,1[illegible]0 | 7,000 | 14,000 |
| 計画 | | | | | | | | | | | | | | | |
| （計画比%） | | | | | | | | | | | | | | | |
| 人件費 | 600 | 600 | 600 | 600 | 1,000 | 600 | 4,000 | 600 | 600 | 1,000 | 600 | 600 | 600 | 4,000 | 8,000 |
| 計画 | | | | | | | | | | | | | | | |
| （計画比%） | | | | | | | | | | | | | | | |
| 減価償却 | 100 | 100 | 100 | 100 | 100 | 100 | 600 | 100 | 100 | 100 | 100 | 100 | 100 | 600 | 1,200 |
| その他経費 | 400 | 400 | 400 | 400 | 400 | 400 | 2,400 | 400 | 400 | 400 | 400 | 400 | 400 | 2,400 | 4,800 |
| | | | | | | | | | | | | | | | |
| 営業利益 | 200 | 100 | 200 | 200 | -300 | 100 | 500 | 200 | 300 | 100 | 300 | 300 | 400 | 1,600 | 2,100 |
| 計画 | | | | | | | | | | | | | | | |
| （計画比%） | | | | | | | | | | | | | | | |
| 営業外収益 | 30 | 30 | 30 | 30 | 30 | 30 | 180 | 30 | 30 | 30 | 30 | 30 | 30 | 180 | 360 |
| 計画 | | | | | | | | | | | | | | | |
| （計画比%） | | | | | | | | | | | | | | | |
| 営業外費用 | 20 | 20 | 20 | 20 | 20 | 20 | 120 | 20 | 20 | 20 | 20 | 20 | 20 | 120 | 240 |
| 計画 | | | | | | | | | | | | | | | |
| （計画比%） | | | | | | | | | | | | | | | |
| 経常利益 | 210 | 110 | 210 | 210 | -290 | 110 | 560 | 210 | 310 | 110 | 310 | 310 | 410 | 1,660 | 2,220 |
| 計画 | | | | | | | | | | | | | | | |
| （計画比%） | | | | | | | | | | | | | | | |
| 前期売上高 | 4,700 | 4,400 | 4,800 | 4,700 | 4,300 | 4,300 | 27,200 | 5,200 | 4,500 | 4,600 | 4,700 | 4,600 | 4,900 | 28,500 | 55,700 |
| 前々期売上高 | 4,100 | 4,000 | 4,500 | 4,400 | 4,200 | 4,100 | 25,300 | 4,800 | 4,500 | 4,700 | 4,800 | 4,500 | 5,000 | 28,300 | 53,600 |

Ⓑ（販管費〜その他経費の部分）

Ⓐ

各項目の合計は決算書と一致するように注意する。

（金額単位：千円）

| | 下期計 | 合計 |
|---|---|---|
| 0 | 34,400 | 64,800 |
| | | |
| | | |
| 0 | 25,800 | 48,700 |
| | | |
| | | |
| 0 | 8,600 | 16,100 |
| | | |
| | | |
| 0 | 7,000 | 14,000 |

Ⓑ

この表の場合、人件費＋減価償却費＋その他経費の合計が販売費及び一般管理費となる。

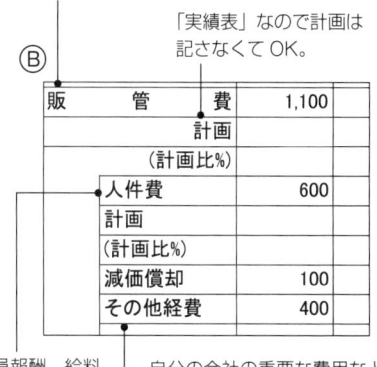

「実績表」なので計画は記さなくてOK。

| | | |
|---|---|---|
| 販管費 | | 1,100 |
| 計画 | | |
| （計画比%） | | |
| | 人件費 | 600 |
| | 計画 | |
| | （計画比%） | |
| | 減価償却 | 100 |
| | その他経費 | 400 |
| | | |

役員報酬、給料、賞与、法定福利など。

自分の会社の重要な費用などを個別に書き加えてもよい。その場合、残りをその他経費とする。

ポイントの2つ目は、**一番下に2年前・3年前の売上高を記入する欄がある**点です。これも銀行員が稟議《りんぎ》書（↓176ページ）を書くうえで非常に有効になります。つまり、この表1枚で36カ月分の売上の傾向がわかるわけです。

## ◉簡単月次損益計画表のつくり方

前期の実績を書き入れたら、次は今期の予想です。前期の12カ月分の実績を見ながら、簡単月次損益計画表をつくるのです。

こうして、前期の実績と今期の予想を作成するだけでも、経営者としてかなり自分の会社の業績が把握できます。

千円単位の表にはなっていますが、気持ちとしては万円単位で書くつもり、それも5万円刻みくらいでもかまいません。

本書で説明する資料のすべてに共通していえることですが、これらの資料（表）を**1円単位で書く（つくる）必要はまったくありません。**簡単月次損益計画表をつくる際には、もし結果が予想と違ってしまったら銀行から責められるのではないかと気にする方もいますが、けっしてそんなことはありませんので心配無用です。

# 簡単月次損益計画表

Ⓐ

債務者名:　　A社　28年3月期計画

（金額単位：千円）

| | 4月実績 | 5月見込み | 6月計画 | 7月計画 | 8月計画 | 9月計画 | 上期計 | 10月計画 | 11月計画 | 12月計画 | 1月計画 | 2月計画 | 3月計画 | 下期計 | 合計 |
|---|---|---|---|---|---|---|---|---|---|---|---|---|---|---|---|
| 売上高 | 5,800 | 5,500 | | | | | 11,300 | | | | | | | 0 | 11,300 |
| 計画 | 6,200 | 5,700 | 6,300 | 6,200 | 6,000 | 5,100 | 35,500 | 6,100 | 6,600 | 7,400 | 6,800 | 7,000 | 7,300 | 41,200 | 76,700 |
| (計画比%) | | | | | | | | | | | | | | | |
| 売上原価 | 4,000 | 4,100 | | | | | 8,100 | | | | | | | 0 | 8,100 |
| 計画 | 4,650 | 4,275 | 4,725 | 4,650 | 4,500 | 3,825 | 26,625 | 4,575 | 4,950 | 5,550 | 5,100 | 5,250 | 5,475 | 30,900 | 57,525 |
| (計画比%) | | | | | | | | | | | | | | | |
| 売上総利益 | 1,800 | 1,400 | 0 | 0 | 0 | 0 | 3,200 | 0 | 0 | 0 | 0 | 0 | 0 | 0 | 3,200 |
| 計画 | 1,550 | 1,425 | 1,575 | 1,550 | 1,500 | 1,275 | 8,875 | 1,525 | 1,650 | 1,850 | 1,700 | 1,750 | 1,825 | 10,300 | 19,175 |
| (計画比%) | | | | | | | | | | | | | | | |
| 販管費 | 1,300 | 1,200 | | | | | 2,500 | | | | | | | 0 | 2,500 |
| 計画 | 1,100 | 1,100 | 1,100 | 1,100 | 1,500 | 1,100 | 7,000 | 1,100 | 1,100 | 1,500 | 1,100 | 1,100 | 1,100 | 7,000 | 14,000 |
| (計画比%) | | | | | | | | | | | | | | | |
| 人件費 | 700 | 650 | | | | | 1,350 | | | | | | | 0 | 1,350 |
| 計画 | 600 | 600 | 600 | 600 | 1,000 | 600 | 4,000 | 600 | 600 | [illegible] | [illegible] | [illegible] | [illegible] | [illegible] | 8,000 |
| (計画比%) | | | | | | | | | | [illegible] | [illegible] | [illegible] | [illegible] | [illegible] | |
| 減価償却 | 100 | 100 | 100 | 100 | 100 | 100 | 600 | 100 | 100 | [illegible] | [illegible] | [illegible] | [illegible] | [illegible] | 1,200 |
| その他経費 | 500 | 450 | | | | | | | | [illegible] | [illegible] | [illegible] | [illegible] | [illegible] | |
| 計画 | 400 | 400 | 400 | 400 | 400 | 400 | 2,400 | 400 | [illegible] | [illegible] | [illegible] | [illegible] | [illegible] | [illegible] | [illegible] |
| | | | | | | | | | [illegible] | [illegible] | [illegible] | [illegible] | [illegible] | [illegible] | |
| 営業利益 | 500 | 200 | 0 | 0 | 0 | 0 | 700 | 0 | [illegible] | [illegible] | [illegible] | [illegible] | [illegible] | [illegible] | 700 |
| 計画 | 450 | 325 | 475 | 450 | 0 | 175 | 1,875 | [illegible] | [illegible] | [illegible] | [illegible] | [illegible] | [illegible] | [illegible] | [illegible] |
| (計画比%) | | | | | | | | | [illegible] | [illegible] | [illegible] | [illegible] | [illegible] | [illegible] | |
| 営業外収益 | 0 | 0 | | | | | 0 | | [illegible] | [illegible] | [illegible] | [illegible] | [illegible] | [illegible] | 0 |
| 計画 | 30 | 30 | 30 | 30 | 30 | 30 | 180 | 30 | [illegible] | [illegible] | [illegible] | [illegible] | [illegible] | [illegible] | 360 |
| (計画比%) | | | | | | | | | [illegible] | [illegible] | [illegible] | [illegible] | [illegible] | [illegible] | |
| 営業外費用 | 30 | 40 | | | | | 70 | | | [illegible] | [illegible] | [illegible] | [illegible] | [illegible] | 70 |
| 計画 | 20 | 20 | 20 | 20 | 20 | 20 | 120 | 20 | 20 | [illegible] | [illegible] | [illegible] | [illegible] | 120 | |
| (計画比%) | | | | | | | | | | [illegible] | [illegible] | [illegible] | [illegible] | | |
| 経常利益 | 470 | 160 | 0 | 0 | 0 | 0 | 630 | 0 | 0 | 0 | 0 | 0 | 0 | 0 | 630 |
| 計画 | 460 | 335 | 485 | 460 | 10 | 185 | 1,935 | 435 | 560 | 360 | 610 | 660 | 735 | 3,360 | 5,295 |
| (計画比%) | | | | | | | | | | | | | | | |
| 前期売上高 | 5,200 | 4,800 | 5,300 | 5,200 | 5,000 | 4,300 | 29,800 | 5,100 | 5,500 | 6,200 | 5,700 | 5,800 | 6,100 | 34,400 | 64,200 |
| 前々期売上高 | 4,700 | 4,400 | 4,800 | 4,700 | 4,300 | 4,100 | 27,000 | 5,200 | 4,500 | 4,600 | 4,700 | 4,600 | 4,900 | 28,500 | 55,500 |

Ⓑ

フォーマットは簡単月次損益実績表と同じ。27年３月決算が終了し、５月下旬ないし６月上旬に銀行に提出する場合の記入例。

Ⓐ

| 債務者名: | A社　28年3月期計画 | |
|---|---|---|
| | | |
| | 4月実績 | 5月見込み |
| 売上高 | 5,800 | 5,500 |
| 計画 | 6,200 | 5,700 |
| (計画比%) | | |
| 売上原価 | 4,000 | 4,100 |
| 計画 | 4,650 | 4,275 |
| (計画比%) | | |
| 売上総利益 | 1,800 | 1,400 |
| 計画 | 1,550 | 1,425 |

実績が確定していない場合は「見込み」とする。

上段に実績、下段に計画を入れる。

28年3月期の計画をつくる場合は、前期は26年4月～27年3月。

Ⓑ

| | | | | | | |
|---|---|---|---|---|---|---|
| 計画 | 460 | 335 | 485 | 460 | 10 | 185 |
| (計画比%) | | | | | | |
| 前期売上高 | 5,200 | 4,800 | 5,300 | 5,200 | 5,000 | 4,300 |
| 前々期売上高 | 4,700 | 4,400 | 4,800 | 4,700 | 4,300 | 4,100 |

前々期は25年4月～26年3月。
今期の簡単月次損益計画表をつくる場合は、必然的に前期・前々期のデータの実績表としてつくらなければならない。

# 5 「資金繰り実績・予想表」をつくるポイントとは？

## 売上項目の記載、仕入れや支払い項目、手形の受払い、金融項目

小売業や飲食業など、ほぼ現金商売に近い業種・業態であれば、前項の**簡単月次損益実績（計画）表**が**資金繰り表**の代わりにもなります。しかし、建設業や製造業など受注業の場合で**短期借入金（手形貸付）**のときは資金繰り表は必ず要求されます。

記入のポイントは次のようになります。

① **売上項目の記載**

仮に売上も仕入れも1カ月サイトであれば、簡単月次損益実績表の売上なり仕入れなりを1カ月ずらして記入します。現金売上と売掛金回収の区別は、実績にしろ予測にしろあまり正確性にこだわらなくて結構です。大体1割程度が現金売りで、あとは1カ月サイトであるとか、そんな感覚での記入で十分なのです。

ただし、年間を通しての現金売上と売掛入金の合計と簡単月次損益実績表で記入した売上の合計の違いには気をつけましょう。その違いで売掛金の増減がわかるからです。

### ② 仕入れや支払い項目

仕入れ支払いの記入要領も①と同じになります。人件費や経費の支払いについても、実績については支払った金額だけを記入し、予測では支払えそうな金額を記入します。

### ③ 手形の受払い

手形に関しては、受け取った場合も振り出した場合も、入金や支払いの項目からは除外し、かっこ書きなどで別書きするようにしましょう。予測する場合も、売上や仕入れに対する割合などから予想するしかありません。

### ④ 金融項目が一番大事

銀行からするとこの金融項目が一番気になります。必ず自分の銀行（自行または当行）と他の銀行（他行）を区別するようになっています。とにかく、おおざっぱに書きましょう。

短期借入金の申し込みの場合には、資金繰り表の作成が融資交渉成功の決め手です。

# 資金繰り実績・予想表

## 155ページ平成28年3月期簡単月次損益計画例にもとづく資金繰り計画

（売上・仕入れともに1カ月サイトとして）

平成27年5月20日

### 資金繰実績・予想表

申込人　A社

(単位:千円)

Ⓐ

| 実績・予想 | | | 実績 | 見込み | 予想 | 予想 | 予想 | 予想 |
|---|---|---|---|---|---|---|---|---|
| 月別 | | | 27年4月 | 27年5月 | 27年6月 | 27年7月 | 27年8月 | 27年9月 |
| 前月繰越金（A） | | | 3,000 | 3,120 | 3,630 | 3,890 | 4,325 | 4,335 |
| 収 | 売 | 現金売上 | | | | | | |
| | | 売掛金回収 | 6,100 | 5,800 | 5,500 | 6,300 | 6,200 | 6,000 |
| | | 受手期日取立 | | | | | | |
| | 上 | （受取手形） | | | | | | |
| | 雑収入 | | 0 | 0 | 30 | 30 | 30 | 30 |
| 入 | | | | | | | | |
| | 収入計（B） | | 6,100 | 5,800 | 5,530 | 6,330 | 6,230 | 6,030 |
| | | | | | | | | |
| 支 | 仕 | 現金仕入 | | | | | | |
| | | 買掛金支払 | 4,600 | 4,000 | 4,100 | 4,725 | 4,650 | 4,500 |
| | 入 | （支払手形） | | | | | | |
| | | 人件費 | 700 | 650 | 600 | 600 | 1,000 | |
| | 経 | 諸経費 | 500 | 450 | 400 | 400 | 400 | 400 |
| | | 支払利息 | 30 | 40 | 20 | 20 | 20 | 20 |
| | | | | | | | | |
| | 費 | | | | | | | |
| | | （支払手形） | | | | | | |
| | | 土地・建物 | | | | | | |
| | 設 | 機械・車両 | | | | | | |
| | | | | | | | | |
| 出 | 備 | （支払手形） | | | | | | |
| | そ | 仮払金 | | | | | | |
| | の | 未払金 | | | | | | |
| | 他 | | | | | | | |
| | 支出期日決済 | | | | | | | |
| | 支出計(C) | | 5,830 | 5,140 | 5,120 | 5,745 | 6,070 | 4,920 |
| | | | | | | | | |
| 差引収支過不足 (A)+(B)−(C) | | | 3,270 | 3,780 | 4,040 | 4,475 | 4,485 | 5,445 |
| | | | | | | | | |
| Ⓑ | 短期借入金 | 当行 | | | | | | |
| 財 | | 他行 | | | | | | |
| | 長期借入金 | 当行 | 100 | 100 | 100 | 100 | 100 | 100 |
| 務 | | 他行 | 50 | 50 | 50 | 50 | 50 | 50 |
| | 手形割引 | 当行 | | | | | | |
| 収 | | 他行 | | | | | | |
| | 借入金返済 | 当行 | 100 | 100 | 100 | 100 | 100 | 100 |
| 支 | | 他行 | 50 | 50 | 50 | 50 | 50 | 50 |
| | 積金・掛金 | | | | | | | |
| 翌月繰越現金預金 | | | 3,120 | 3,630 | 3,890 | 4,325 | 4,335 | 5,295 |
| | | | | | | | | |
| Ⓒ | 売上高 | | 5,800 | 5,500 | 6,300 | 6,200 | 6,000 | 5,100 |
| 参 | 仕入高 | | 4,000 | 4,100 | 4,725 | 4,650 | 4,500 | 3,825 |
| | 受取手形残高 | | | | | | | |
| 考 | 売掛金残高 | | 5,800 | 5,500 | 6,300 | 6,200 | 6,000 | 5,100 |
| | 支払手形残高 | | | | | | | |
| | 買掛金残高 | | 4,000 | 4,100 | 4,725 | 4,650 | 4,500 | 3,825 |
| | | | | | | | | |

提出する月（当月）は「見込み」とする。

Ⓐ

| 実 績 ・ 予 想 | | 実 績 | 見込み |
|---|---|---|---|
| 月 別 | | 27年4月 | 27年5月 |
| 前月繰越金 (A) | | 3,000 | 3,120 |
| 売 | 現金売上 | | |
| | 売掛金回収 | 6,100 | 5,800 |
| | 受手期日取立 | | |

27年3月末の現金預金の合計（定期性預金を除く）。

27年3月の売上が4月に入金。

Ⓑ

| | | | |
|---|---|---|---|
| 短期借入金 | 当行 | | |
| | 他行 | | |
| 長期借入金 | 当行 | 100 | |
| | 他行 | 50 | |
| 手形割引 | 当行 | | |

提出する銀行への返済を当行とし、他の銀行への返済を他行とする。

もしこの場合の他行へ提出するときは、当行・他行の数字を入れ替える。

Ⓒ

| | | |
|---|---|---|
| 売上高 | 5,800 | |
| 仕入高 | 4,000 | |
| 受取手形残高 | | |
| 売掛金残高 | 5,800 | |
| 支払手形残高 | | |
| 買掛金残高 | 4,000 | |
| | | |

簡単月次損益計画表と同じ数字を入れる。

1カ月サイトの設定なので、当月の売上がそのまま当月の売掛金となる。

1カ月サイトの設定なので、当月の仕入れがそのまま当月の買掛金となる。

# 6 「経営改善計画書」をつくるポイントとは？

ダラダラ書かない！ たった1枚でOK！

資本金以上の赤字（債務超過）の場合や、赤字決算のあとの融資申し込みの際には、**「経営改善計画書」**（→左ページ）があったほうが交渉しやすくなります。経営改善計画書は、146ページで説明した「銀行員が聞きたい企業概況」を応用するだけです。

「業況」欄には、「①まずは自分の業界全体の感じは？」を、「当社現況」欄には「②その中であなたの会社の現況は？」を、「決算概況」欄には「③その結果が決算書にはどう映っているか」を書きます。

次に、「課題」欄に問題点を書き出します。この課題というのも、あまり難しく考える必要はありません。具体的にしようとするときりがなくなるので簡単に書きます。

そして「課題」欄のあとは「対策」欄になります。大切なのはここで「どんな改善案を実行できるか」という部分にかかってきます。中小企業の場合には、おのずと実行可能な対策案には限りがでてきます。

そして、最後のまとめとして、銀行に対してどういう資金協力をお願いしたいのか、と

# 経営改善計画書

## 経営改善計画書

平成　年　月　日

（銀行名　支店名）　御中

（会社住所）
（社　　名）
（代表者名）

### 業　況

現在、○○業界は、○○○と呼ばれるような低価格帯の販売店と、従来どおりの価格展開をしている店との二極化が進んでいます。

大型チェーン店の低価格帯の出店が多く見られ、従来型販売を行っている店との集客数に大きく差が見られています。

### 当社業況

当社の地域もその例外ではなく、大型店の出店により、個人経営の店では既存客の流出が続き、閉店するところも多く見られます。

### 決算概況

当社の第○期決算ではそれらの影響から、前年に比較して売上高で約○○○千円の減少となり、当期利益も○○○千円ほど減少しております。

### 課　題

大型チェーンに価格での対抗ではなく、より地域のお客様から喜ばれるサービスの提供を第一に販売活動を行うことと、人件費などの固定費の削減の２点が今期の課題となります。

### 対　策

これまで廃止しておりました宅配業務を復活させ、前期の経営悪化の責任として役員全員の報酬を一律○○％カットし、固定費の削減とします。

### 要　望

これらの改善方針より、別紙資金繰り計画書及び損益計画書を添付いたしますのでご参照ください。つきましては、借入金の安定的返済をできるまでの利益計上に至るには、もうしばらくの時間的猶予が必要となります。よって、向こう１年間の借入金返済の減額をお願い申し上げます。詳細は、別紙借入金返済計画を添付いたします。貴金融機関のご理解とご協力をお願い申し上げます。

いうことを書き入れます。

結びの部分は、**返済猶予**（次章参照）の申請の場合であれば、「これらの（経営改善計画書の内容）理由から返済原資である償却前利益の回復には1年間の期間を必要とします。よって金融機関の皆様のご理解とご協力をよろしくお願いします」とします。

また、度重なる融資の申し込みの場合は、「これらの（経営改善計画書の内容）理由から、弊社の安定的経常運転資金の維持にご理解とご協力をよろしくお願いします」とすればいいでしょう。

## せいぜい1枚か2枚にまとめる

経営改善計画書の書き方のポイントはあまりだらだらと書かないことです。あくまでも自分の会社の経営方針だと思ってください。長いと読むほうも面倒ですし、課題にしろ対策にしろ、多く書けば書くほど逆に違和感を持たれかねません。

そして、この経営改善計画書を表書きとして、必要な資料（↓１５０ページ）を添付すれば準備完了です。もう自社の財務状況や業績の状態もすっかり頭に入っているはずです。

## 計画作成の注意点

最後に計画を作成するうえでの注意点をあげておきます。今後の見通しで売上や利益の予測をする際に、極端に良いほうか悪いほうかに偏る場合があるので気をつけましょう。
悲観的、楽観的、どちらもいけません。悲観的すぎれば「もう業績回復の見込みはないな」となりますし、楽観的なら「借りる必要がないんじゃないか」と銀行員に思われてしまいます。

## ◉ 複数の銀行から借入がある場合は…

１５０ページで説明したように、すでに複数の銀行から借入のある場合はさらに３つの資料が必要になります。具体的には、**「どこから借りたか一覧表」「担保物件一覧表」「いくらずつ返すか一覧表」**です。

複数の銀行から借入するようになると毎月の返済口数や返済額も多くなってきて、借りているほうはもちろんですが、貸している銀行のほうでも全体の債務状況が見えなくなってきます。まして不動産の担保やら、信用保証協会やら、その担保や保証も混乱してくるので、全体の債務状況がわかるような資料をつくる必要があるのです。

次項から1つずつつくり方を説明していきましょう。

# 7 「どこから借りたか一覧表」をつくるポイントとは？

## 短期借入金と長期借入金に分けて作成

**「どこから借りたか一覧表」**は、**短期借入金**と**長期借入金**に分けて記載します。この場合の短期借入金は**手形貸付**（↓88ページ）、長期借入金は**証書貸付**（↓84ページ）のことで、残りの返済期間が1年以内かどうかという会計上の区分ではありません。次に、その短期・長期の中で銀行ごとに口数別に記載し、小計を入れるようにしましょう。

「担保・保証」欄は、「根抵当」であるとか、シンポ付きであれば「信保」と記入します。担保設定も信保もなく、代表者保証だけであれば「保証」と記入します。「場所」欄には、詳しい住所でなくてもかまわないので担保物件の所在地を記入します。「種類」欄は、わかる範囲でいいですから「○○ローン」「シンポ付きの特別融資」「○○制度資金」などを書きます。「当初借入日」欄から右は、返済予定表などを見ながら記入します。

「どこから借りたか一覧表」には政府系金融機関やノンバンクからの借入もあれば記載しましょう。

この一覧表を見ることで、銀行は使えそうな担保や信用保証の検討をします。

# どこから借りたか一覧表

| | 金融機関 | 平成　年　月末残高 | 借入番号 | 担保・保証 | 場所 | 種類 | 当初借入日 | 最終期日 | 当初借入額 | 返済額 | |
|---|---|---|---|---|---|---|---|---|---|---|---|
| | | | | | | | | | | 元金 | 利息 |
| 長期借入金 | | | | | | | | | | | |
| | | | | | | | | | | | |
| | | | | | | | | | | | |
| | | | | | | | | | | | |
| | | | | | | | | | | | |
| | | | | | | | | | | | |
| | | | | | | | | | | | |
| | | | | | | | | | | | |
| | | | | | | | | | | | |
| | | | | | | | | | | | |
| 短期借入金 | | | | | | | | | | | |
| | | | | | | | | | | | |
| | | | | | | | | | | | |
| | | | | | | | | | | | |
| | | | | | | | | | | | |
| | | | | | | | | | | | |
| | | | | | | | | | | | |
| | | | | | | | | | | | |
| | | | | | | | | | | | |
| | | | | | | | | | | | |

## 8 「担保物件一覧表」をつくるポイントとは？

↓不動産の登記簿謄本から書き写すだけ

**「担保物件一覧表」**は、不動産などの担保提供をしているものの一覧表になります。記入欄のほとんどは不動産の登記簿謄本から書き写すだけです。

「評価額」という欄には、担保場所の路線価を調べて記入しましょう。

「残債」というのは、その不動産を担保にして借りているすべての融資の残高のことです。複数の不動産を担保に、複数の銀行から融資を受けている場合は、個別に記入せずに合計で記入します。記入により、この不動産を担保にすることで今後の借入余力（担保余力）があるかどうかの目安になります。

気をつけたいポイントとしては、**根抵当権**の極度額（設定額）という数字です。その数字の何割減かしたものが融資できる金額の上限の目安となります。もちろん、その不動産の評価が下がっている場合などは、この限りではありません。

大きい金額で根抵当権がついたままですと、実際に融資の残高が少なくても、他の銀行では担保として評価されないことがあるので注意しましょう。

## 担保物件一覧表

| 所在地 | 種類 | 面積 | 名義人 | 債務者 | 権利設定人 | 種類 | 評価額 | 残債 | 設定額及び順位（単位千円） 第1順位 | 第2順位 | 第3順位 |
|---|---|---|---|---|---|---|---|---|---|---|---|
| | | | | | | | | | | | |
| | | | | | | | | | | | |
| | | | | | | | | | | | |
| | | | | | | | | | | | |
| | | | | | | | | | | | |
| | | | | | | | | | | | |
| | | | | | | | | | | | |
| | | | | | | | | | | | |
| | | | | | | | | | | | |
| | | | | | | | | | | | |
| | | | | | | | | | | | |
| | | | | | | | | | | | |

# 9 「いくらずつ返すか一覧表」をつくるポイントとは？

## 銀行別の借入返済予定を記入

**「いくらずつ返すか一覧表」**は、銀行別の借入返済予定の一覧表のことです。資金繰り表の銀行借入返済欄の内訳明細になります。借入一覧表と同じように短期・長期の区分けをし、それぞれの行別に、各月の返済額を記入し、返済後の残高を計算します。

以上、１６４ページから説明した「どこから借りたか一覧表」「担保物件一覧表」「いくらずつ返すか一覧表」は、銀行交渉の付属資料3点セットといえます。企業規模や、借入状況によっては作成の必要はないかもしれませんが、一度は作成して自分自身の借入状況を把握することが融資交渉のうえでは極めて大切です。

まず、「どこから借りたか一覧表」で融資の申し込みをする銀行と担保やシンポ付き融資などを検討します。次に、不動産担保を提供しているならば、現状の評価と担保余力を考えます。じつはこれらはすべて銀行が融資の際に作成する資料でもあるのです。つまりこれらの資料があるだけで、融資担当者はかなり楽になるのです。

# いくらずつ返すか一覧表

| | | 年　月残高 | 金利 | 借入日 | 返済期日 | 年　月 | 年　月 | 年　月 | 年　月 | 年　月 | 年　月 | 返済額計 | 年　月残高 |
|---|---|---|---|---|---|---|---|---|---|---|---|---|---|
| ○○銀行 | 短期 | | | | | | | | | | | | |
| | | | | | | | | | | | | | |
| | | | | | | | | | | | | | |
| | | | | | | | | | | | | | |
| | | | | | | | | | | | | | |
| | | | | | | | | | | | | | |
| | | | | | | | | | | | | | |
| | 小計 | | | | | | | | | | | | |
| | 長期 | | | | | | | | | | | | |
| | | | | | | | | | | | | | |
| | | | | | | | | | | | | | |
| | | | | | | | | | | | | | |
| | | | | | | | | | | | | | |
| | | | | | | | | | | | | | |
| | | | | | | | | | | | | | |
| | | | | | | | | | | | | | |
| | 小計 | | | | | | | | | | | | |
| | | | | | | | | | | | | | |
| | | | | | | | | | | | | | |
| | | | | | | | | | | | | | |
| | | | | | | | | | | | | | |
| | | | | | | | | | | | | | |
| | | | | | | | | | | | | | |
| | | | | | | | | | | | | | |
| | | | | | | | | | | | | | |
| | | | | | | | | | | | | | |

# 10 融資交渉のベストタイミングはいつか？

## 決算直後に決算書を持っていざ出陣

さて、前項までで銀行から融資が受けやすくなる資料の作成が終わり、銀行交渉の準備は整いました。資料をつくっている最中に、自社の財務や業績の今後などについてさまざまな点に気づかれたことと思います。

では、融資交渉のベストタイミングについて説明します。

### 全業種に共通のベストタイミング

交渉の一番いいタイミングは決算直後です。一度、融資を受けたのなら、その銀行からは毎年決算書の提出を求められます。担当銀行員から「決算書を持ってきてください」と連絡がある前に自分から積極的に持参しましょう。たとえば3月決算の会社であれば、決算申告が5月ですから、決算書一式（**税務申告書・決算書・科目内訳書・固定資産台帳**など）ができあがってくるのは6月上旬のことが多いと思われます。決算書一式の控えが届いたら、すべてコピーをして、銀行提出用として準備をしてください。

## 定期的に銀行と面談できるチャンスを活かそう！

その際に、**「簡単月次損益計画表」**などをいっしょに提出します。できれば、担当銀行員だけでなくその上司（あるいは支店長）とも面談しておくと効果的です。

もちろん話す内容は、**「銀行員が聞きたい企業概況」**です。決算の業績が悪いとなかなか銀行には足が向かなくなりがちですが、それが一番よくありません。むしろ業績が悪ければ悪いほど進んで行くぐらいの気持ちが重要です。念を入れるならば、「銀行員が聞きたい企業概況」を1枚の紙にまとめていくとなお確実でしょう。

担当銀行員としては、融資先の社長から上司や支店長のいる席で今期の見込みを話してもらえれば、こんな楽なことはありません。

## 借入のあるすべての銀行に行く

現在借入のあるすべての銀行に決算書一式のコピーと必要に応じた資料を持参します。もし3カ月以内に借入がしたいのであれば、損益計画や企業概況、あるいは債務超過であれば改善計画などを持参したほうがいいのです。

この場合は、具体的な希望借入額なども決めて、資金繰り表も必要になってきます。

## 11 銀行側にとって貸したい時期はいつか？

### 3月、9月、12月が融資のチャンス

前節のベストタイミングは、会社側にとってのベストタイミングです。では、融資をする側である銀行にとってのベストタイミングはいつでしょうか？　あるいは、融資を受けやすいタイミングなどあるのでしょうか？

### 期末と年末が融資が受けやすい

銀行に融資をしたい時期があるなんて、不思議に思われるかもしれません。でもこれは事実です。銀行にとって融資というのは、いわば商品です。商品である以上、売りたい時期というのがあるのです。それが、3月と9月などの、いわゆる決算期です。3月は期末で、9月は上半期の期末です。12月は年末で1年の終わりです。こうした期末・年末で融資残高を増やしたいというのが銀行の思惑です。

もちろん、融資をしたとたんに不良債権化するのは困りますから、あくまでも正常先（→126ページ）の融資先の中から、さらに融資を増やしたいということです。

また、シンポ付き融資の中の**制度融資**（↓１０２ページ）などは年度単位で予算（保証枠）が決められていることが多いので、期末までに使い切りたいという事情もあります。

## 企業、銀行それぞれの融資交渉のベストタイミング

**3月決算であれば決算書一式ができあがる**
**6月上旬がベスト！**
**決算報告書のコピーとともに、150ページの**
**超簡単資料３点セット＋αなどを用意。**

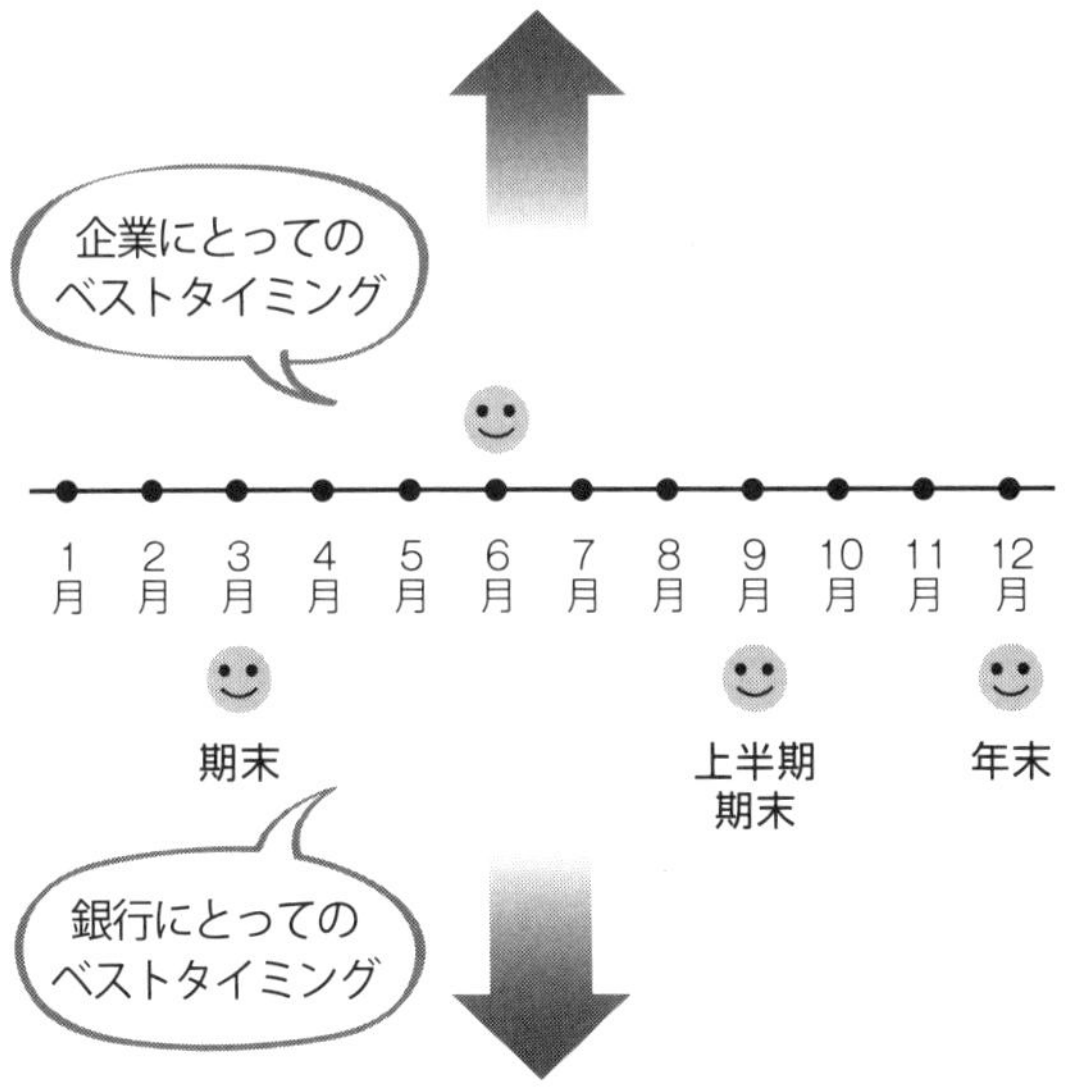

企業にとってのベストタイミング
1月
2月
3月
4月
5月
6月
7月
8月
9月
10月
11月
12月
期末
上半期期末
年末
銀行にとってのベストタイミング


**決算期である３月や９月、そして年末の12月は**
**銀行は融資残高を増やしておきたい。**
**また、「制度融資」などを期末までに使い切りたい。**

# 12 融資までどれくらい期間がかかるのか？

## 最短1週間から最長3カ月超

では、融資の申し込みから融資の実行までどれくらい時間（期間）がかかるのかについて説明します。

### 資料の用意がそろえば審査も早い

審査期間は、すでに融資取引があるかどうかと、どのような融資の申し込みか（資金使途など）、資料がそろっているかどうかの３つで違ってきます。

もっとも早いのは、すでに何度か融資の取引実績がある建設業などの短期的な運転資金の申し込みで、資金繰り表などの資料がすべてそろっている場合です。

逆にもっとも審査に時間がかかるのは、初めての融資取引で、設備投資など金額の大きい融資の申し込みで、資金繰り表や事業計画など資料がまだ準備できていない状態です。

### 月初から10日まで受付が当月実行度が高い

**運転資金の場合は融資の希望日から1～2週間ほど逆算し、設備投資の場合は1～2カ月前を目安**にして申し込みましょう。もし融資を断られた場合は、ほかの銀行からの融資を検討する必要性もでてくるので、できるだけ余裕をもって臨みましょう。

## 融資交渉をするなら、何日がベスト？

月曜日や金曜日も銀行は忙しいので避けたほうがいい。
月初や五十日はNG。
月末31日はNG。30日は月末でなければセーフ。


| 日 | 月 | 火 | 水 | 木 | 金 | 土 |
|---|---|---|---|---|---|---|
| | 1 | 2 | 3 | 4 | 5 | 6 |
| 7 | 8 | 9 | 10 | 11 | 12 | 13 |
| 14 | 15 | 16 | 17 | 18 | 19 | 20 |
| 21 | 22 | 23 | 24 | 25 | 26 | 27 |
| 28 | 29 | 30 | 31 | | | |

**そのうえで、火～木曜日のやや小雨が降る午後1：00～2：30がベスト。運転資金なら融資の希望日から1～2週間前、設備資金なら1～2カ月前に申込日を決める。**

# 13 銀行の融資審査の流れはどうなっているか?

## 支店内稟議と本部稟議の2タイプがある

銀行の融資審査の流れについて説明します。融資するかどうかを協議することを**稟議**、その書類のことを**稟議書**といいます。

### 金額と担保や保証によって変わってくる

支店内だけで融資審査を行い融資の可否を決定することを**店内稟議**といったり、**支店長権限**、あるいは**専決**といったりします。これに対して支店内稟議を経て本部（審査部）でも協議してもらうこと**本部決済**などといいます。

当然、審査期間の短いのは店内稟議、支店長権限内の融資案件です。その条件や限度額などは各銀行各支店によって異なり、部外秘のことが多いのです。

### 事前稟議もある

金額の大きい設備投資の場合などは、事前に本部に稟議をあげることもあります。ところが、事前稟議でＯＫでも本部稟議で却下されることも珍しくありません。その原因は資料などの不正確さにあります。ここでもやはり資料準備が重要です。

## 銀行の融資審査の流れ

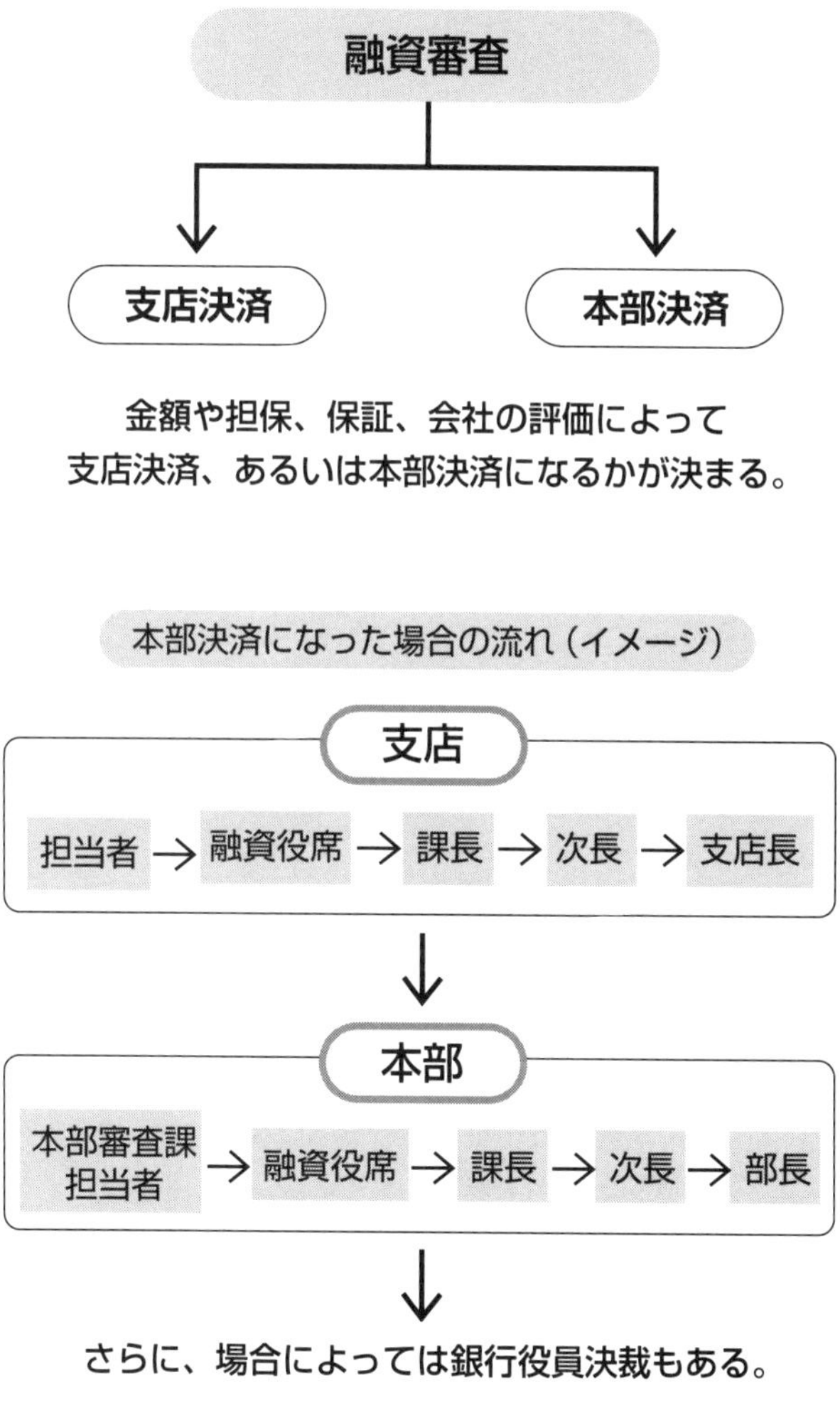
融資審査
支店決済
本部決済
金額や担保、保証、会社の評価によって
支店決済、あるいは本部決済になるかが決まる。
本部決済になった場合の流れ（イメージ）
支店
担当者 → 融資役席 → 課長 → 次長 → 支店長
本部
本部審査課担当者 → 融資役席 → 課長 → 次長 → 部長
さらに、場合によっては銀行役員決裁もある。

コラム④

## 銀行はいつでも貸せる先を探しています

私の銀行員時代の経験で、何が困ったって融資のノルマほど困ったものはありませんでした。借りたい人（会社）はいても、誰にでも貸せるってわけにはいきませんからね。

ぶっちゃけ、銀行も決算期末にはデパートの決算謝恩セール並みくらい融資先を血眼になって探しています。

景気が良いといわれている時期はなおのことです。

で、そういう時期は、融資の審査は当然、ゆるくなります。

ホントですよ。

ですので、銀行の融資審査に合格したわけだから、自分の会社は大丈夫なんだ……とはけっして勘違いしないでください。

とくに、銀行から融資のセールスをされたときはなおさらです。

逆の立場になって考えてみてください。営業の経験のある方なら、どんな相手にセールスするかわかりますよね？

セールスしたら買ってくれそうな人（借りてくれそうな人）でしょ。

だけど、せっかくの融資セールスを断るのはやはりもったいないですよ。より有利な条件で借りられるのは、銀行が融資のセールスをしてきたときですから。

第5章

# 返済額は減る！<br>あなたにもできる返済猶予

**返済額を減らすための技術を説明します。**

# 1 借入金を返済していくための指標と数字とは？

## あなたの事業が生み出した現金「減価償却費＋税引き後当期利益」

本章では、借入をする際に返済をしていくことができるかどうか？　返済を続けるのが苦しくなった場合にどうするか？という借り手にとっては切実な２つの疑問について説明していきます。

さまざまな財務分析がありますが、借入金を月々返済していくうえでの目安となる指標はいたってシンプルです。簿記や税務会計の知識も必要ありません。

### 減価償却費＋税引き後当期利益（当期純利益）

これが、あなたの事業がその年度に生み出した現金といえます。つまり、この額以上の返済額があるとしたら、それは非常にまずいことになっているということです。もちろん、売掛金や買掛金が大きく増減した場合は、その年度の資金繰りは損益計算書とは大きく違ってきます。しかし、大きな目安としてはあくまで決算書どおりに資金が入ってきて出ていったと考えます。利益が出れば税金がかかってきますので、残るのは税引き後の利益です。それに減価償却費を足したのが、事業の中で生み出した現金といえます。もし経費

## 「減価償却費＋税引き後当期利益」とは？

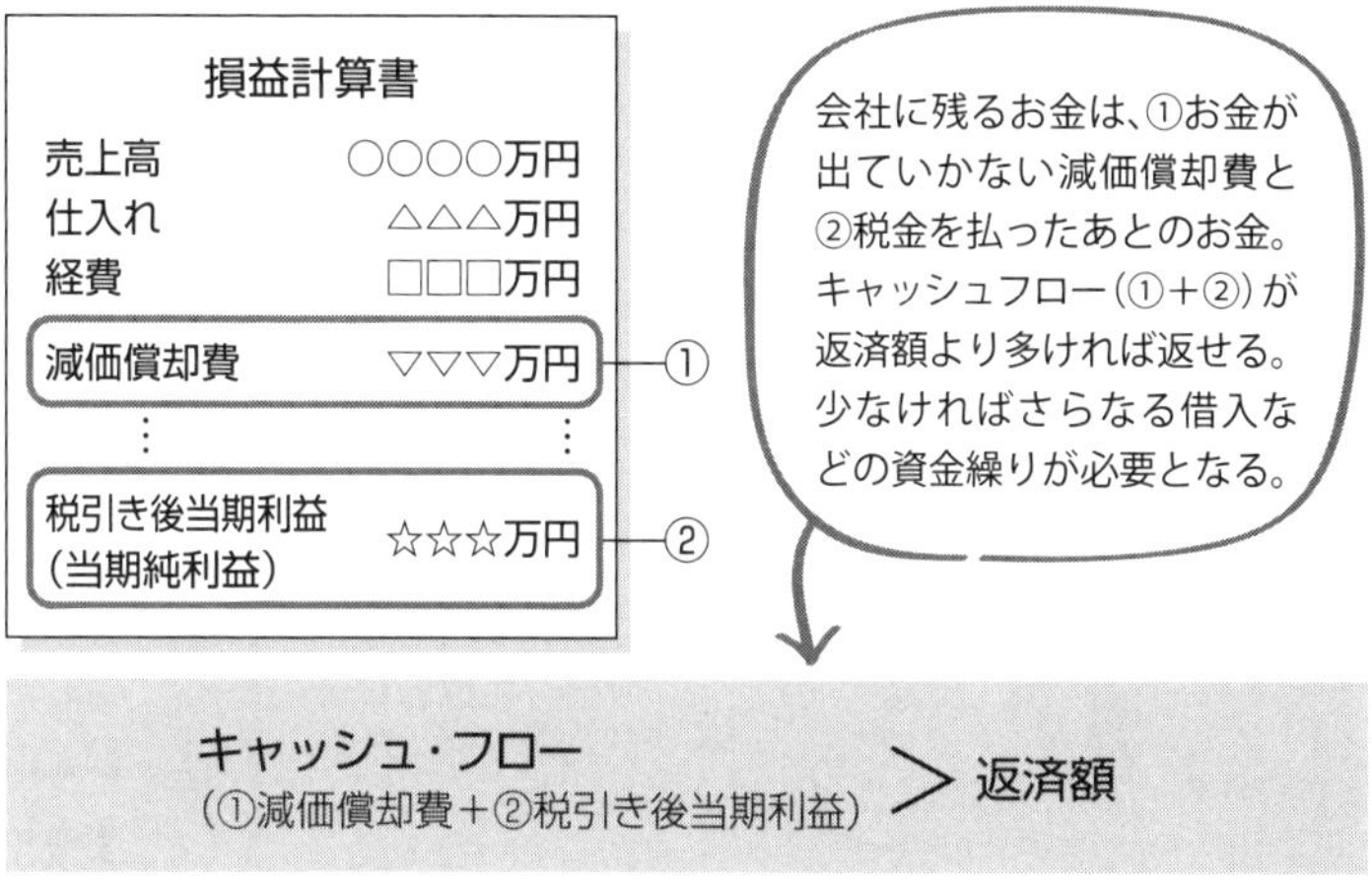
損益計算書
売上高 ○○○○万円
仕入れ △△△万円
経費 □□□万円
減価償却費 ▽▽▽万円 ①
税引き後当期利益（当期純利益） ☆☆☆万円 ②
会社に残るお金は、①お金が出ていかない減価償却費と②税金を払ったあとのお金。キャッシュフロー（①＋②）が返済額より多ければ返せる。少なければさらなる借入などの資金繰りが必要となる。
キャッシュ・フロー（①減価償却費＋②税引き後当期利益） ＞ 返済額

科目の中に、「○○引当金繰入」という科目や「○○引当金戻入」などがあれば、それらも現金が動かないものになるので税引き後利益に足すか引くかして調整が必要になります。

この**「減価償却費＋税引き後当期利益」より借入金返済元金の年額が多くなっている場合は自力では返済していることにはなりません。**ただ単に「やり繰り」をして銀行に返済しているだけです。実際にいつまで返済が続けられるかは個々のケースで違ってきますが、その目安になるのが「減価償却費＋税引き後当期利益」で、返済に対して足りない分は手持ち資金が減っていくだけですから、資金が足りなくなる時期は計算できるのです。

つまり、また借入をする必要があるということになるのです。

## 2 「借りては返し…」はいつまで続けられるのか？

**目先の支払いのために借り続けると雪だるま式に返済額が激増**

償却前税引き後利益と年間返済額の差が大きくなりすぎると、1年も資金繰りが続かなくなります。その結果、小刻みな借入の申し込みで銀行の融資カウンターを頻繁に訪れるようになります。銀行員も当然、原因に気づいています。しかし、無意識のうちにそのことを無視するようになってしまっていて、銀行員は「今度はどうされたんです？」と聞き、経営者は「いや……仕入れ先の支払いに……」という会話が繰り返されるようになります。銀行員としては長年の取引先であれば、使えそうなシンポ付き融資を探して、信用保証協会のＯＫが出れば融資に応じます。そして、経営者はほっとしますが……、これで本当に解決になるのでしょうか？

### 雪だるま式に増える返済額

それでは、いったいどれくらいまで貸してもらうことができるのでしょうか？

年商の３カ月分であるとか、設備投資は年商の10カ月分までは大丈夫だとか、さまざま

## 借りては返しての悪循環

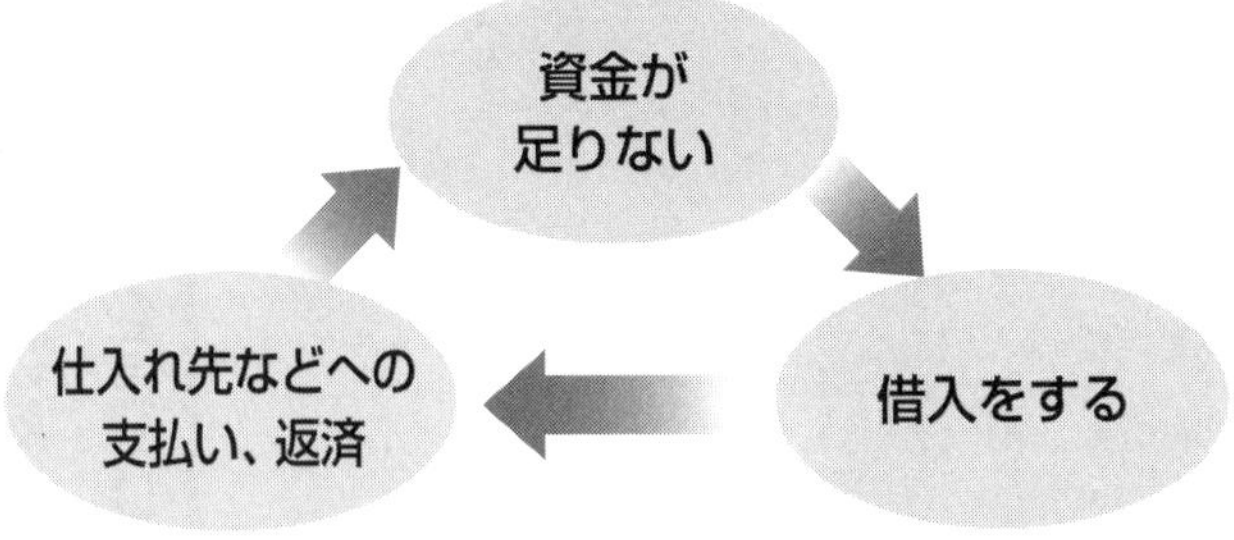
資金が
足りない
借入をする
仕入れ先などへの
支払い、返済

に言われていますが、銀行の内部にははっきりとした基準はありません。どんなにマニュアルが整備されても、どんなに財務分析のコンピュータ化が進んでも、「ここまで」というはっきりとした基準はないのです。ですから、長年の取引先であれば、よほどの債務超過や明らかな経営難にでもなっていない限り、信用保証協会やら制度融資やらを総動員してぎりぎりまで融資しようとするのが現場の銀行員の心情でした。

しかし、目先の支払いのために長期貸付（証書貸付）で融資を受けていたら、どんどん返済額が増えていってしまいます。とりあえず、支払いを延ばしている買掛先には融資されたお金でなんとか支払えますが、翌月からまた借入返済額が増えていくことになります。これでは、ますます償却前税引き後利益と年間返済額の差が広がっていく一方です。**どこかのタイミングで、返済そのものを見直す必要がでてくる**ことになるでしょう。

# 3 銀行への返済額を減らすことはできるのか？

## 貸出条件変更（リ・スケジュール）をすれば返済額を減らせる

毎月の返済額を減らすようにすることを、貸出条件変更といったり、返済条件変更といったりします。また、それを英語でいうと「re-schedule」（リ・スケジュール）といい、通称**リスケ**ということもあります。たとえば、毎月１００万円ずつ借入元金の返済を続けてきたものを、半分の50万円にしてもらうとか30万円にしてもらうことです。

１２６ページで説明した銀行の自己査定の5段階評価のところで、「要注意先」の説明書きに「貸出条件緩和先」とありましたが、銀行が基準以上にリスケを行った融資先のことを指しています。「返済額を減らすなんて、そんなことができるのか？」と思われるかもしれませんがそれは可能です。ただし、銀行側が同意してくれなければ、リスケをすることができないのはいうまでもありません。

銀行から長期でお金を借りるときの契約は**金銭消費貸借契約証書**（↓84ページ）といって、びっしり法律が書かれた書類を使います。要するに、返済が滞ったときなどに、銀行がどういった行動に出るかについて事細かく書かれているのです。もちろん、最初の契約はき

## リスケとは何か？

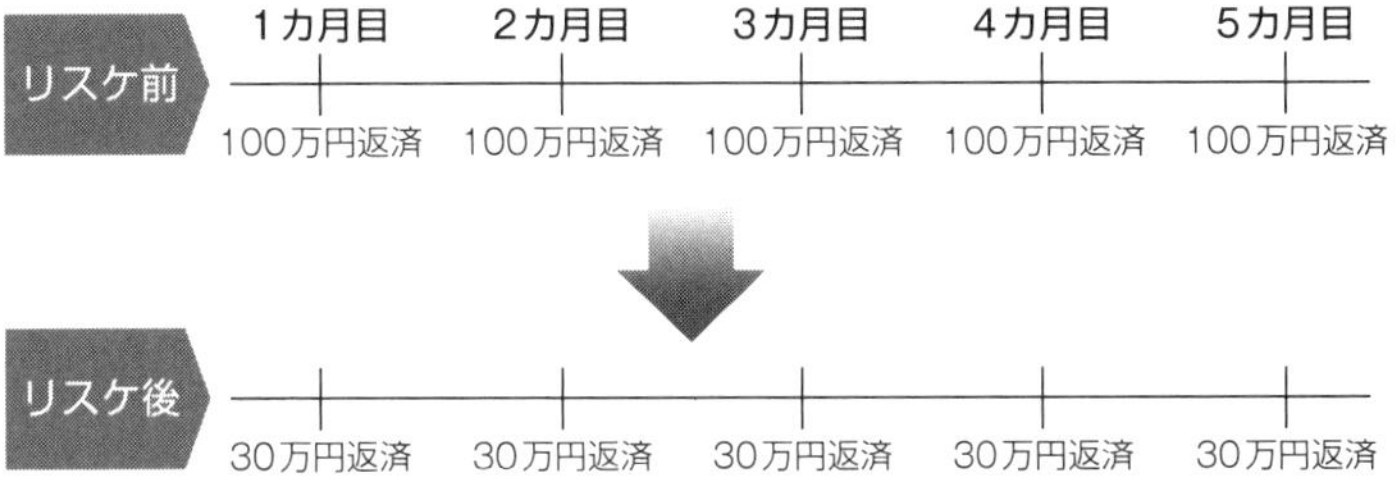
1カ月目
2カ月目
3カ月目
4カ月目
5カ月目
リスケ前
100万円返済
100万円返済
100万円返済
100万円返済
100万円返済
リスケ後
30万円返済
30万円返済
30万円返済
30万円返済
30万円返済

**銀行からの借入であれば、毎月の返済額を減らせる！**

ちんと守るべきですし、返済の期限も決まっているわけですから、銀行も簡単にリスケに応じてくれるわけではありません。

しかし、できない話ではないのです。そんなにできない話であれば、自己査定の区分に「貸出条件緩和先」などという記載や、銀行の決算書の内訳の説明書きのところにも「貸出条件緩和先の総額」などの項目が記載されているわけがありません。

これが**銀行以外の金融業者であれば、リスケの申し出には耳を貸してくれません。**そういう金融業者の審査は債務者が自力で返済できるかどうかではなく、契約上で回収できるかどうかを（連帯保証人や担保などで）審査しているのです。一方、銀行では、担保や保証人からの返済（回収）というのは最終手段となっています。

## 4 返済額を減らすためにリスケでできることとは何か？

### リスケの方法はおもに2つ。さらに借入の一本化も

返済の見直し（**リスケ**）の具体的方法について説明します。

２つの方法がありますが、共通しているのは向こう1年間の返済を見直すことです。たとえば、現在毎月１００万円ずつ借入元金の返済をしていて、借入残金はちょうど３６００万円、あと36回の返済が残っていたとします。しかしここまできて、どうしても月々１００万円の返済が苦しくなってしまいました。そこで銀行とのリスケ交渉の結果、向こう1年間30万円に返済額を減らすことができたとしましょう。

すると、向こう12回の返済は30万×12回で３６０万円ですが、そこから先の24回はどうなるのでしょうか？

### ◉ 2年目以降の返済を増やす方法

ここでとることができる方法の1つ目は、１年後の借入残金３２４０万円（３６００万円－30万円×12回）を残りの返済回数24回で割った額（１３５万円）を返済する方法です。こ

## リスケの方法①
## 1年目の返済額を減らし、2年目以降は増やす

借入残金3600万円
毎月の100万円の返済を36回。

↓

返済が苦しいので銀行と交渉してリスケ。

↓

毎月100万円の返済を
向こう1年間30万円の返済額に減らす。

**30万円×12回**

↓ ↘

**リスケ方法①**　**リスケ方法②**

**しかし、2年目からの返済額は135万円に激増！**

［3600万円－30万円×12回＝3240万円
3240万円÷24回＝135万円］

**135万円×24回**

返済の滞りが一過性のもので、2年目以降に返済できる見通しがあれば通用する方法。しかし、ほとんどの経営者にとっては高いハードルになる。

の方法は、返済額を減らすようになった原因がよほど一過性のものでなければ、翌年から返済額が増えてしまうのでかなりハードルが高いかもしれません。

## ●減らした分を最終回に上乗せする方法

また、もう1つの方法としては、とりあえず向こう1年間は月々30万円にしておいて、1年後以降は当初の約定どおり月々１００万円の返済にします。そして、減った返済額70万円×12回分の８４０万円は、最終回の返済額に上乗せしておきます。一般的にはこの方法をとることが多くなります。

しかし、最終回の返済額が大きすぎて無理なこともあります。ですから、実務上は1年後にもう一度会社の業績を見ながら返済額を検討していくことになります。業績次第では、返済額を元に戻せるかもしれませんし、戻せなくても増やすことはできるかもしれません。

リスケをした場合、いずれにしろ減らした分をどこかで挽回しない限りは最終回の返済額がとても大きい金額になってしまいます。ですから、**結果的には1年1年の契約更新**になります。毎年会社の業績を見ながら銀行と協議の上返済額を決定し、合わない金額はとりあえず12回目に上乗せしておいて、1年後の次回の協議のときに12回目の額を払うことができなければ再び契約を変えていくことになります。

## リスケの方法②
## 最終回に減った返済額分を上乗せる

毎月100万円の返済を
向こう１年間30万円の返済額に減らす。

**30万円×12回**

↓

リスケ方法②

そして２年目からの返済額を当初の約定どおり月々
100万円の返済にする。

**100万円×24回**

↓

最終回（36回目）の返済に減った返済額分を上乗せする。

**940万円**

［ 100万円＋70万円×12回＝940万円 ］

返済イメージ

| | 返済額 | 借入元金 |
|---|---|---|
| 1カ月目 | 30万円 | 3570万円 |
| 2カ月目 | 30万円 | 3540万円 |
| 11カ月目 | 30万円 | 3270万円 |
| 12カ月目 | 30万円 | 3240万円 |
| 13カ月目 | 100万円 | 3140万円 |
| 14カ月目 | 100万円 | 3040万円 |
| 34カ月目 | 100万円 | 1040万円 |
| 35カ月目 | 100万円 | 940万円 |
| 36カ月目 | 100万円+840万円 | 0円 |

リスケの方法①と比べて
2年目以降の返済額のUP
は少ないものの最終回の
返済額が大きすぎるのが
リスク。
会社の業績を見ながら、
毎年銀行と契約更新をし
ていくのが現実的な方法。

# 5 複数の借入を一本化するメリットとは？

## ↓リスケと同じ効果を生み出すことも

以前に借りた分の返済が終わらないうちに、新たに借入をすると、返済口数と返済金額がどんどん増えることになってしまいます。

たとえば、借入残金２０００万円で毎月50万円ずつ返済しているのが一口、借入残金１０００万円でやはり毎月50万円ずつ返済しているものがもう一口として、両方合わせて月々１００万円の返済になっているとします。ここに新たに１０００万を借入をしようとする際に、申し込みを４０００万円とすることで、以前から借入れている３０００万円を新たな借入の４０００万円からいったん返済し、１つの借入とすることができます。返済は４０００万円÷60回とすると約66万円の返済額になります。あるいは、７年返済の84回返済とすると約48万円まで返済額を減らすことができます。

このように、新たな借入をする際に、複数の借入を**一本化**することでリスケと同じ効果を期待できます。つまり、**複数の借入を一本化して返済期間を変えることはリスケと同様に、返済額を減らすにはたいへん有効な方法**です。

ただし、信用保証制度によっては一本化できない融資もありますし、信用保証の付いていない融資であっても、資金使途や融資の内容によって一本化できない融資もありますので、融資担当者に相談することが肝要です。

## 借入金の一本化のメリット

| 借入残金　2000万円<br>毎月返済額　50万円 | 借入残金　1000万円<br>毎月返済額　50万円 |
| --- | --- |

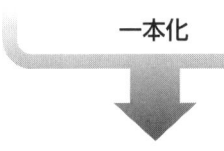

一本化

新たに1000万円を借りる際に
4000万円借入れて以前の借入3000万円を返済。

借入残金　4000万円
毎月返済額　約66万円

**一本化することで、毎月の返済額が半分に！**
**7年（84回）返済に組み直せば、**
**約48万円まで減らすことが可能。**

## ⑥ リスケをすると二度と借りられない？　リスケのデメリット

### 業績が回復すれば借入可能。しかし金利は引き上げられる

ここまで**リスケ**のメリットにフォーカスして語ってきましたが、銀行にとっては負担をかけられることになり、もちろん企業側にもデメリットは生じます。

１つ目のデメリットは、リスケをすると**新規の借入ができなくなります。**現在の借入返済が難しくて減らしてもらうわけですから当然のことでしょう。もちろん早い段階で業績回復し、正常な返済に戻すことができれば新規の借入は可能になります。

もう１つのデメリットは、**金利の引き上げ**です。毎月の借入返済額の減額を申し出るくらいですから当然資金繰り状況や財務状況は悪化しているので、１２６ページの債務者区分は「要注意先」もしくは「要注意先」の中の「要管理先」となります。当然、引当率（↓１３０ページの分類）も高くなりますので、その分貸出金利を引き上げることになります。

### ◉リスケ中でも手形貸付は出る！

ただし、リスケ中は新たな融資のすべてがストップするかというと必ずしもそうではあ

## リスケのデメリット

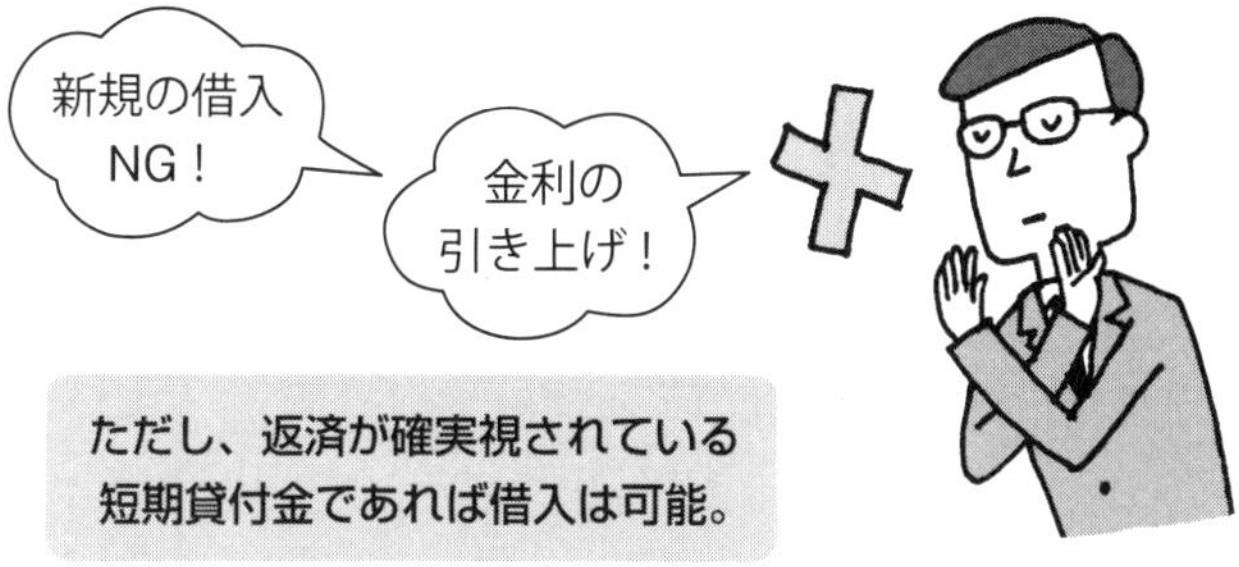


**ただし、返済が確実視されている短期貸付金であれば借入は可能。**

りません。例外として、**短期貸付金（企業側では短期借入金）**である手形貸付金は融資してもらえることがあります。

リスケ中に新たな融資がストップするのは、長期運転資金や設備資金（設備投資）に限ってのことです。**手形貸付金**というのは、あくまでごく短期間（数カ月）の融資で、その返済が確実視されている場合に限った融資です。具体例としては、建設業の場合であれば工事代金などが入金されるまでの間の「つなぎ」として、手形貸付の融資を受けることです。こうした場合は、工事代金が入金される根拠として、工事契約書などがあり、工事の発注元に確認もとれますので、たとえリスケ中という場合でもなんら問題はないのです。

つまり、リスケをするとすべての融資がストップするわけではないのです。リスケというのは、赤字など業績悪化を原因として毎月の返済を続けることができない場合の対応策であり、工事代金の入金のズレなどの一時的な資金不足とは別に考えて、自社の資金繰りの検討をしなければなりません。

# 7 どんなときにリスケをすべきか？

## 完全に行き詰まってからでは遅すぎる

借入返済額が大きくなってきたとき、前もって借りておいたほうがいいのか、**リスケ**の申請をしたほうがいいのか、とても迷うところです。

では、どのような資金繰り状況、あるいは財務状況のときにリスケの申請をすべきなのかを見ていきます。

### ① 急激な業績悪化

売掛先の倒産などによる急激な資金繰りの悪化の場合は、まずはとにかく借りることに尽きます。倒産以外の原因による得意先の減少や、あるいは売上ダウンの場合も、いち早く察知し、まずは資金調達してください。そして、そのあとにリスケの申請に入ります。

なぜなら、リスケ交渉には時間がかかってしまうために、急激な資金繰りの悪化のときには資金調達を先にしなければなりません。

### ② ゆるやかな業績不振

販売価格の低下や顧客の減少などによりじわじわと資金繰りが悪化している場合は、まず経費の削減などをするのが先決になります。たとえば、赤字決算の場合、赤字の程度が役員報酬と同程度であれば、銀行からまず役員報酬を下げるのが先ではないかと指摘されます。しかし、そのコスト削減の資金効果よりも業績悪化のスピードが早そうであれば、リスケするしかなくなります。

### ③ 借入したが返済期間を誤った

とりあえず銀行から資金を借入れることができたのですが、返済期間や方法をよく考えずに借りてしまい資金繰りがどんどん悪化していった場合です。目先の支払いのためだけの借入ばかりだと、最終的には資金不足になってしまいます。ですから、この場合もリスケをする必要が出てきます。

### ④ 年間返済額÷償却前利益＝10倍以上

「年間返済額÷償却前税引き後利益」が10倍以上になるようだとしたら、1年間の利益が借入返済の1カ月分あるかないかということになります。あとは手持ちの余剰資金の額や

### 一番シンプルなリスケの検討材料

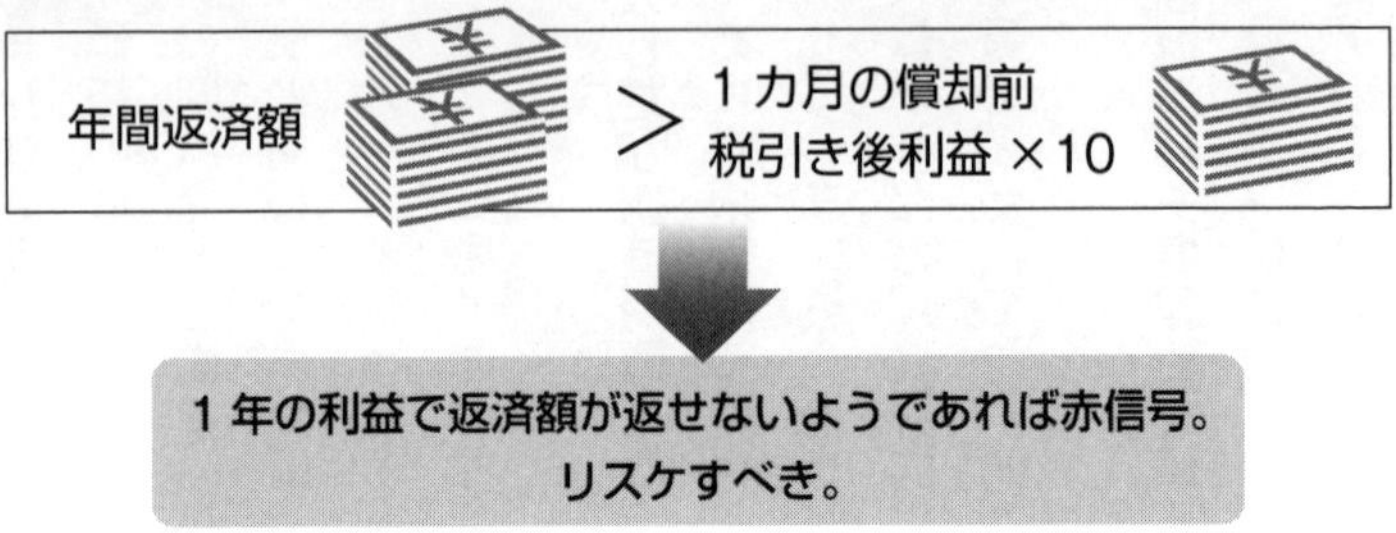
年間返済額
>
1カ月の償却前
税引き後利益 ×10
1年の利益で返済額が返せないようであれば赤信号。
リスケすべき。

減らすことのできる在庫の量などで、資金が足りなくなるのはすぐに予想がつきます。ですから、早急にリスケする必要があります。

## リスケをするタイミング

仕入れ先などへの支払いを延ばすだけ延ばし、社長自らの役員報酬も下げ、これまでの個人的蓄えも会社につぎ込み、さらに銀行以外からお金を借りてからリスケをするのでは遅すぎます。

リスケというのは返済額が少なくなるだけで、お金が余るわけではないのです。

本当にギリギリまで資金繰りをがんばってからのリスケの申請では、それこそ日々の資金繰りが詰まってしまいます。

## リスケ交渉には1カ月から3カ月かかる

リスケの交渉も通常の融資交渉と同じくらいの期間、もしくはそれ以上の期間がかかります。ということは、その期間の間は毎月の返済を続けなくてはならないということです。

つまり、**3カ月分の返済を続けられる手持ち資金があるうちに、リスケの交渉に入らなければならない**ということです。さらに逆算すると、その交渉に入る前に、交渉に必要な資料などの準備が必要です。

### こうなってからのリスケは遅すぎる！

役員報酬を下げた。
社長個人の財産も手放した。
支払いを延ばせるだけ延ばした。
ギリギリになってからのリスケでは遅すぎる！
ある程度手元に資金があるうちにリスケしよう！

# 8 リスケや借入金の一本化など、銀行員にどう話す？

## ↓後ろ向きな理由や拝み倒すような態度は逆効果

では、返済を減らしたい場合の具体的な交渉方法について説明します。

いきなり「返済額を下げてほしい」というのは乱暴です。

やはり新たな運転資金の申し込みから入るのがベターです。そこで、現在の取引銀行の自社への融資の取引方針を探ります（↓第3章参照）。前向きな感触を得たなら、既存の「借入金との一本化」（↓190ページ）の返済を申し出ます。新規の申し込みを既存の借入と一本化することにより返済額を減少させることを狙うのです。本来、こちら（企業側）の目的は返済額の減少にあります。しかし、そのことだけを目的にしてしまうと、かなり後ろ向きな申し出になってしまい銀行から嫌がられるので注意しましょう。

### ◉だからこその信保、こんなときこそ制度融資

銀行に行く前に、現在の**信用保証制度**の内容や、それぞれの地方自治体ごとの**制度融資**の概略などを調べてから行くことも重要になります（↓102ページ）。前述したようにシ

## 銀行交渉の手順

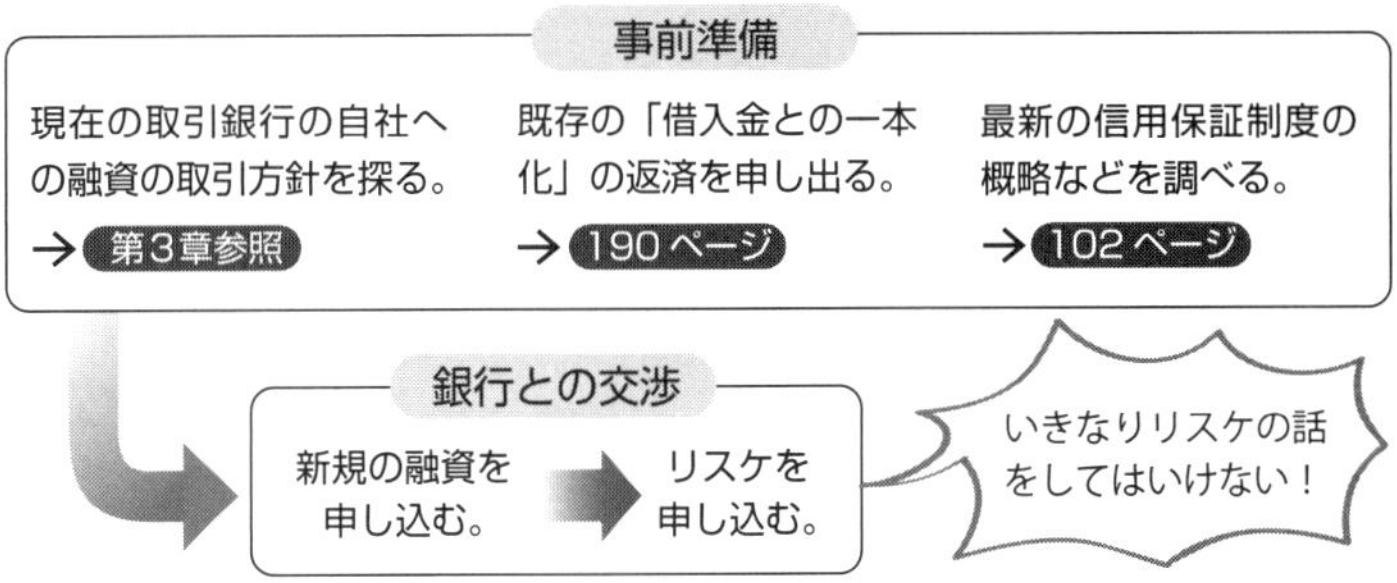
事前準備
現在の取引銀行の自社への融資の取引方針を探る。
→第3章参照
既存の「借入金との一本化」の返済を申し出る。
→190ページ
最新の信用保証制度の概略などを調べる。
→102ページ
銀行との交渉
新規の融資を申し込む。
リスケを申し込む。
いきなりリスケの話をしてはいけない！

ンポ付き融資をはじめとするほとんどの制度融資に取り組めるかどうかは銀行次第になっています。というのも、積極的に取り組んでいる銀行もあれば、さほどでもない銀行もあるからです。また、同じ銀行でも支店によって、あるいは銀行員によっても取り組む姿勢に違いがあります。

とはいえ、あくまでも担当銀行員に取り組む気持ちになってもらうことが肝要です。だからといって、拝み倒すような態度やお願いを繰り返すような言動は逆効果です。

### ● 新たな融資を断られたらリスケを申し出る

つまり、最初からリスケの交渉に臨むのではなく、新たな融資の申し出をして、断られたらリスケの交渉に切り替えるのです。資金繰り表などの融資交渉の準備をし、新たな融資が出なければ返済を続けられないのが明らかであるとわかれば、返済額を減らしてもらうしかありません。新たな融資が断られたら、その場でリスケの申し出をしてください。

# 9 リスケ交渉で大切な4つのポイントとは？

## まずは頭を冷やし、冷静に挑む

リスケの交渉に臨む場合は、150ページから169ページで説明した資料の6点セットの準備は欠かせません。

それは銀行への提出資料というよりも、経営者であるあなたの頭を冷やす意味合いとしても重要になります。いかに資金繰りの大変さを銀行員に訴えても、その訴えが真に迫っていれば迫っているほど銀行員の気持ちは法的回収へと傾いていくことになります。

それでは、交渉に挑むときのポイントを説明します。

**ポイント① いくらなら返済可能か？**

先の「簡単月次損益計画表」と「資金繰り表」から、いったい現在の借入返済額をどこまで減らせばいいのかを自分で判断します。銀行が認めてくれるかどうかがとても気になりますが、あくまでも自分で決めて臨むことが大切です。

そして、その根拠となるのが企業概況を含めた「簡単月次損益計画表」と「資金繰り表」

になります。

### ポイント② どの銀行から交渉に行くか

複数の銀行から借入があれば、やはり一番借入金額が多い銀行から交渉を行うべきです。ただし、借入金額は多額であっても、数年前に借りただけでその後返済しかしていない銀行は後回しにします。

### ポイント③ リスケはすべての金融機関を

リスケの交渉をする際には、銀行からは政府系を含めすべての金融機関を同じ条件で減額することを要求されます。ポイント①で、もし特定の金融機関だけの減額を考えていたとしたら、計画を練り直さなければなりません。現在の総返済額（もしくは借入残金の総額）などから、それぞれの金融機関の減額割合をあなたが判断することになります。

そして、複数の銀行と交渉をする際には、ほぼ同時並行で進めます。

### ポイント④ 意志を強く持つこと

実は計画書などの出来、不出来よりも何よりも「意志を強く持つ」ことが、交渉を成功させる最重要ポイントになります。

それぞれの銀行から、それぞれの事情や方針によりさまざまな返答が返ってくると思われます。そこをあくまでも債務者であるこちら側の要望として、銀行側の理解と協力を得なければなりません。

複数の銀行と交渉する際には、くれぐれも銀行それぞれの言い分に振り回されないことです。とにかく、**意志を強く持って挑みましょう。**

### ●短期決戦で挑むこと

相手銀行が多ければ多いほど、それだけ時間がかかってしまいます。**一度アクションを起こしたら、間をあけずに交渉をしていきます。**

リスケの交渉は、話だけでは通じませんが、万全の準備と堅い決意で話せば必ず通じます。

でも、ケンカ腰ではだめです。あくまでも冷静さが必要になります。

心ない言葉や皮肉などを言われることもあるかもしれませんが、とにかく怒ったら負けです。冷静さを保って交渉するには、やはり事前の準備が必要なので、本書で説明した準備を万全にしてから挑まなければなりません。

## リスケ交渉で大切な４つのポイントまとめ

**ポイント①**

**いくらなら返済可能か？を明確にする**

「簡単月次損益計画表」(→152ページ) と
「資金繰り実績・予想表」(→156ページ) から判断する。

**ポイント②**

**交渉する銀行の順番を決める**

運転資金の借入が大きい銀行から順番に行く。

**ポイント③**

**リスケするならすべての金融機関で**

特定の銀行だけでリスケをしようと考えるのではなく、総返済額や、
借入残金の総額から、それぞれの金融機関の減額割合を判断する。

**ポイント④**

**意志を強く持つ**

銀行側からのさまざまな返答に対して、自らの要望と
うまく折り合いをつけた着地点を見つける。

**相手銀行が多い場合でも、足を止めずに
短期決戦で挑む。ケンカ腰で挑まず、
ハートは熱く、頭はクールに。**

## 10 もし銀行員がなかなか話を聞いてくれなかったら……

### 話してダメなら書面で交渉

銀行へ行ったはいいものの、担当の銀行員があまりこちらの状況について聞く耳を持っていなさそうだと感じたら、どうすればいいでしょうか?

そんなときは、書面で交渉します。こちらの話し方が悪かったのか、その銀行の方針なのかは、一度すれ違いが始まったら気にするときりがありません。

第一、銀行というのは融資するにせよ、返済額を減らすにせよ、目の前の担当銀行員の一存ではどうにもならないのです。普段からどんなに円満な付き合いをしていたとしても、毎月の返済額を下げてほしいという要請があったのなら、ある程度厳しいことを言わなければなりません。ましてや、担当銀行員が転勤などで代わったばかり、あるいはまだ若手の銀行員ともなれば、できればそんな交渉に関わりたくないというのが普通の銀行員の心情でしょう。

したがって、そういう**逃げ腰の担当銀行員を振り向かせるには、書面でこちらの要望を提出する**しかありません。

## 「返済条件変更のお願い」を書く

左のような文書を用意すると担当銀行員としてもテーブルにつきやすくなります。もちろんこれ1枚ですべてが解決するわけではありません。ただ一方的にこちらの要望を書いているだけです。この書面を出す目的は、銀行員の気持ちをこちらに向かせることです。書面を渡せば言った言わないの水掛け論もなくなりますし、担当銀行員としても上司に報告しないわけにもいきません。そこから話がスタートします。

　大切なのは、交渉の過程で感情的にならないことです。銀行員としても、銀行の融資の窓口に座っていれば、周囲の目もあるわけですから厳しいことだっていわねばなりません。

## 「返済条件変更のお願い」の書き方

**返済条件変更のお願い**

（銀行名　支店名）　御中

拝啓

○○の候、△△銀行におかれましては――。

早速ではありますが、貴銀行よりの借入金の返済につきまして、下記のとおりの変更の取り組みをお願い申し上げます

現在　○年○月○日借入元金　――円

　　　毎月○日　――円返済

変更　○年○月より向こう1年間

同日　　　――円返済に減額

厳しい経営環境の中、弊社におきましては、上記の返済額が現在の財務状況から適正であると思われます。詳細につきましては別途協議の上お取り計らいを要請いたします。

敬具

## 11 リスケが最後の手段ではない？

### 返済をゼロにすることもできる

返済を少なくすること（リスケ）が最後の手段ではありません。

前述したように、リスケというのは、現状の償却前税引き後利益に返済を合わせましょうというのがその考え方の土台になっています。

では、償却前税引き後利益が赤字だったら、返済はできるのでしょうか？

### 返済猶予という方法もある

毎月の借入返済の元金をゼロにし、利払いのみ（借入利息のみ）にすることを**返済猶予**といいます。一時的に（6カ月ないし1年）元金の返済を棚上げにしてしまうことです。リスケの最上級版といってもいいでしょう。

償却前税引き後利益が赤字ということは、借入返済を続けるどころか、事業の存続さえ危ない状況だということです。こうした場合は、中途半端に返済を減らしたりせず、**元金の返済をゼロにしてもらう**ことを申し出ましょう。

## ◉返済猶予の更新もできる!

元金の返済を一定期間（6カ月ないし1年）猶予したあとの返済が難しいとなった場合はどうしたらいいでしょうか?

結論からいうと、返済猶予期間を延長（更新）することが（してもらうことが）可能です。返済を再開するには業績の回復、つまり返済を再開できるくらいの利益を出せるようになることが不可欠です。その業績回復のための期間が返済猶予期間であるのですが、6カ月や1年の限られた期間で、必ずしも業績が回復できるとは限りません。よって、こういう場合は、返済猶予期間の延長（更新）を銀行側と合意のうえですることが可能です。

この返済猶予の延長に上限などの制限はなく、私のクライアントの実例をいうと、10年に及んでいるケースもあります。

こうした返済猶予の延長に応じてもらえるケースでは、業績の回復状況を定期的に銀行に対して報告しておくことが不可欠です。

逆にいえば、本書掲載の資料を定期的（毎月とか）に作成し銀行に提出することによって、延長の可能性はかなり高まるということです。

# 12 シンポ付き融資ならリスケも返済猶予も有利になる？

## 銀行には返済が苦しい融資先の相談にのる義務がある

リスケもできるし、返済猶予もできるといわれても、はたして銀行にそんなことをいったりしてもいいのか？

その不安を少しでも軽減できることをこれから説明します。

### ◉信保の特殊事情を利用する

シンポ付き融資であれば、融資先の返済が困難となった際には、ある一定の条件のもとに銀行は**代位弁済請求**（肩代り請求）を信用保証協会に対し行います。その後、銀行にはそのシンポ付き融資の借入残金が信用保証協会から入金され、晴れて全額回収となるわけです。

つまり、銀行としては一度シンポ付き融資を行ってしまえば、回収にいたってはほとんどリスクを負わなくてすむのです。

一方で困るのは信用保証協会です。なぜなら、信用保証協会は余分な資金は持っていません。銀行から代位弁済請求が出てくるたびに、結局は政府のほうから資金を出してもらい銀行に支払うことになります。

景気が良くなく中小企業の資金繰りが苦しいときに、当初の約定返済を守るべく無理を続けて倒産などということになれば、銀行からの代位弁済請求が増加します。それは信用保証協会としては何としても避けたいところです。当初の銀行との契約にこだわるあまりに無茶な資金繰りは続けてほしくはなく、企業側にリスケや返済猶予をしてでもいいから返済をしてほしいのです。

## ●今すぐ銀行のホームページをご覧ください

自分の融資を受けている**銀行のホームページを検索し、「ご返済がお困りのお客様へ」などと記されたページを探してみてください。**それぞれの銀行によって、お知らせの文章に違いはあっても、要は返済が苦しい場合は返済条件の変更（返済猶予など）の相談に応じますよ、ということが宣言されています。

これは、日本全国のすべての金融機関のホームページ上で、すべて同じような文言で書かれているはずです。つまり、銀行の返済を減らしたり止めたりすることを自分一人で悩んでいるより、銀行に相談したほうがいいということです。もちろん、資料を準備してから行くに越したことはありません。

## ◉信保には借換保証制度もある！

信用保証協会の保証制度の中には、複数の保証付き融資を一本化し、さらに新規融資を加え、元金返済の開始を1年据え置きというなんとも至れり尽くせりの保証制度もあります。

これは**借換保証制度**といって、中小企業庁のホームページでも具体的に紹介されている保証制度です。これは、本章190ページの**借入の一本化**と返済猶予をミックスしたような保証制度です。元金返済開始の1年据え置きというのが、1年間の返済猶予と同じ効果をもたらします。

ただし、保証制度は都道府県ごとに異なっているため、一本化ができる保証制度とできない保証制度はありますので、個別の対応と協議が必要となってきます。

そして、こうした保証制度を活用するうえでも、その前提となるのは金融機関側の取り組み姿勢となってきます。

金融機関側に取り組ませるためにも、本書に掲載されている各種資料などを作成しておくことが重要です。

## 借換保証制度とは？

借換のイメージ（例）

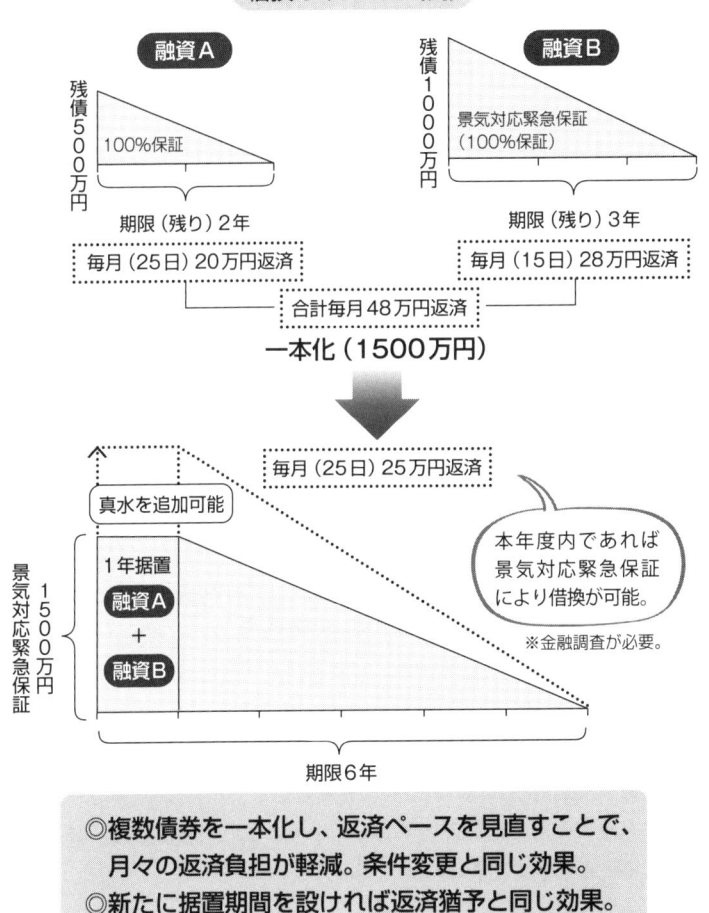

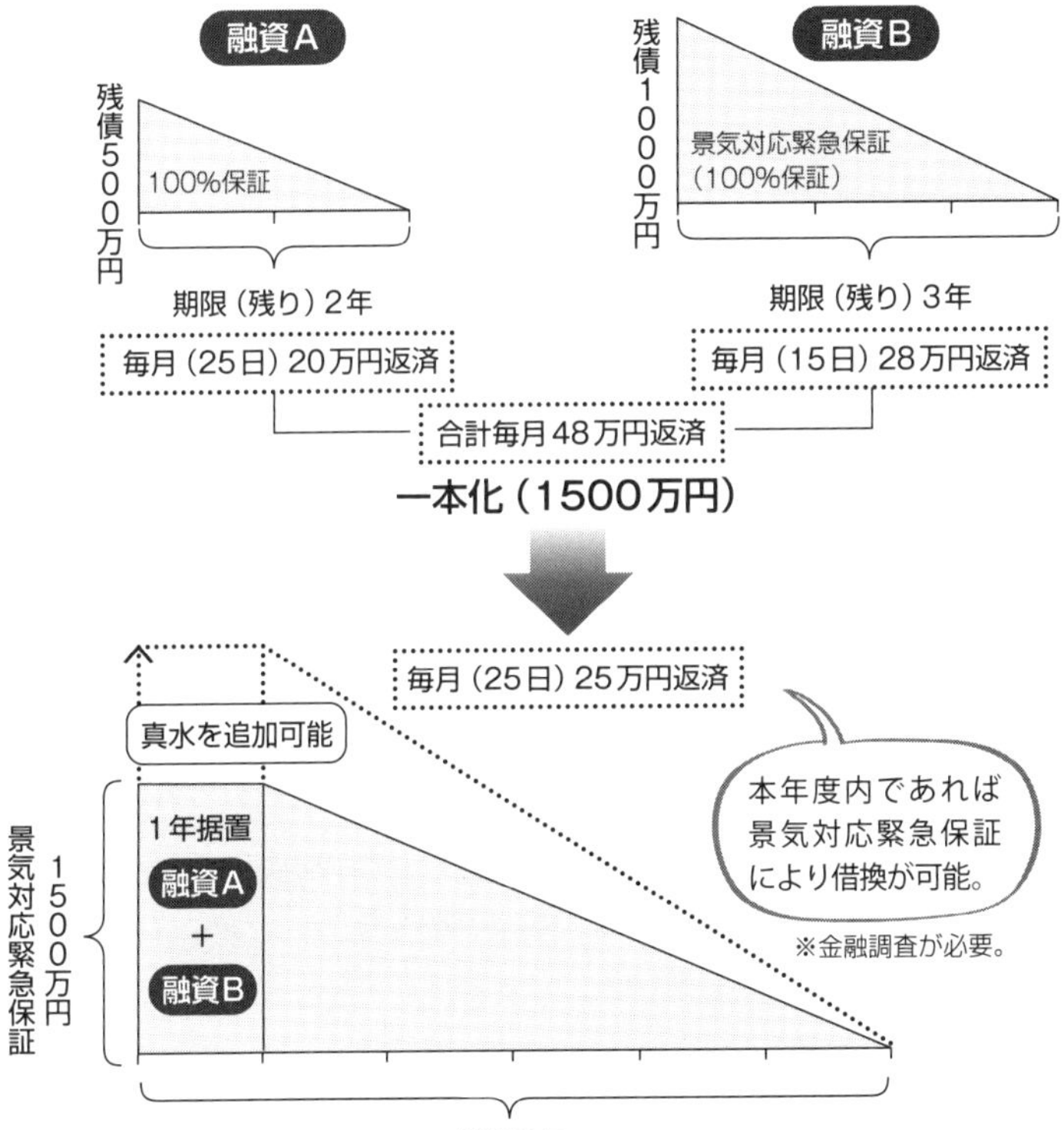
融資A
残債500万円
100%保証
期限（残り）2年
毎月（25日）20万円返済
融資B
残債1000万円
景気対応緊急保証
（100%保証）
期限（残り）3年
毎月（15日）28万円返済
合計毎月48万円返済
一本化（1500万円）
毎月（25日）25万円返済
真水を追加可能
1年据置
融資A
＋
融資B
景気対応緊急保証
1500万円
本年度内であれば景気対応緊急保証により借換が可能。
※金融調査が必要。
期限6年

**◎複数債券を一本化し、返済ペースを見直すことで、月々の返済負担が軽減。条件変更と同じ効果。**
**◎新たに据置期間を設ければ返済猶予と同じ効果。**

＊中小企業庁の資料を基に作成。

## コラム5 減っていなければ返していないのと同じ？

「返済猶予だけはしたくない、返済猶予をするようになったら一生借金は減らない」

こう考える経営者の方が多いようです。

でも、過去の決算書を並べてよくよく考えてみてください。とくに貸借対照表の長期借入金の残高を、過去数年分並べてよく見てください。減ってますか？

もし残高が減っていなければ、返していないのと同じです。毎月の返済はきちんとしていても、1年の途中で新たな借入をしたりすれば、借入残高は減りっこありません。つまり結果だけを見ると、借入残高が減っていなければ、返済猶予をしているのと同じです。

実際、数年分の決算書を見比べ、借入残高が端数まで同じ数字が何年間も続いていれば、「返済猶予中かな？」とは思いますが、そうでなければ返済猶予しているかどうかは外部からは一切わかりません。

え⁉　借入残高が減っているどころか増えている？

もし利益が増えるより借入の増え方が大きい場合は、将来的リスクに関しては返済猶予をしているより危険度は増えているってことじゃありませんか？

第6章

# ワンランク上の資金繰りと銀行交渉のコツ

**ここまでに伝えきれなかった
具体的な資料づくりとテクニックを説明します。**

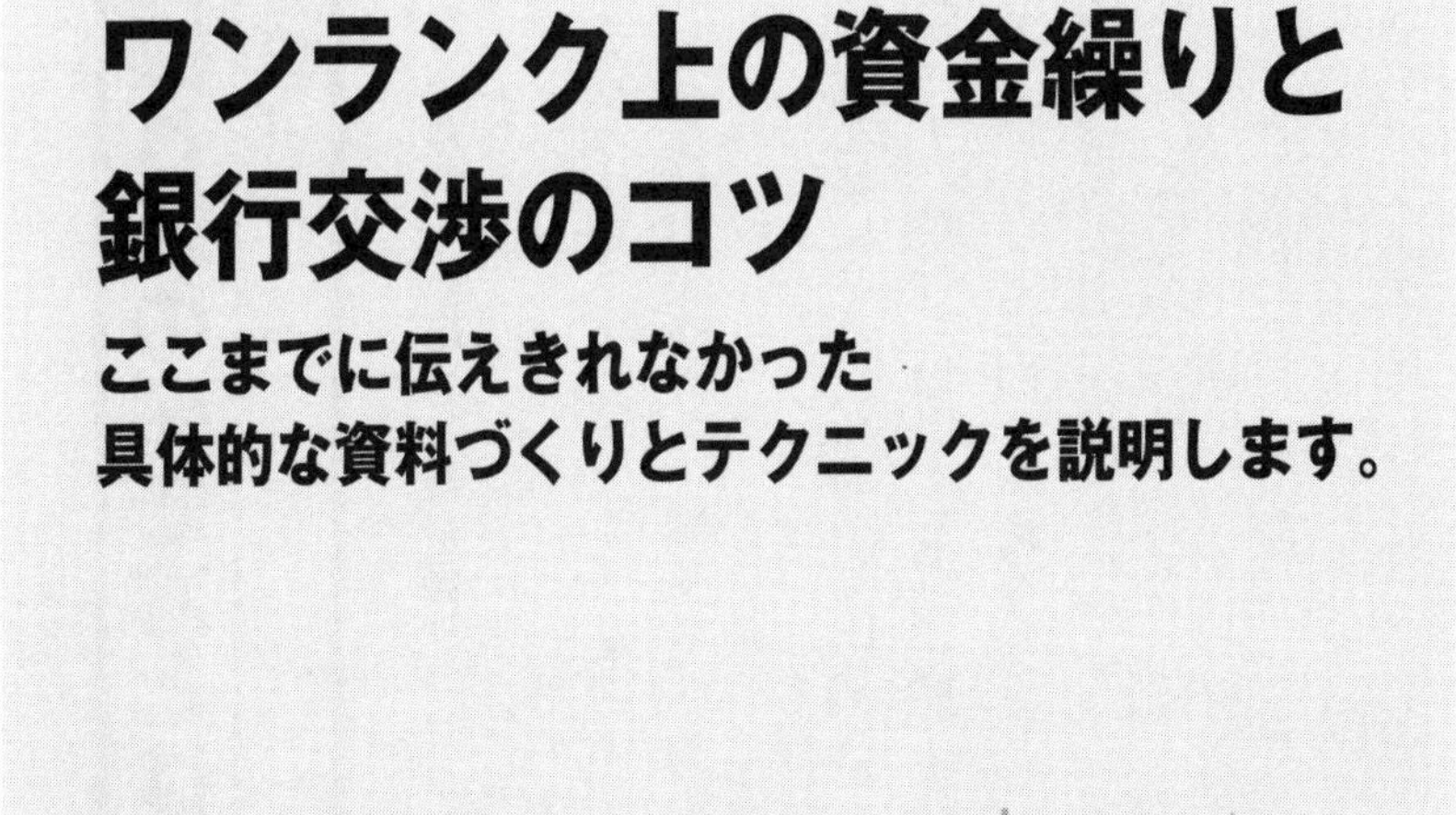

# 1 もっとも簡単な資金繰り表の書き方とは？

## 預金口座を資金繰り表として使う

本章では、これまでの基本をふまえ、やや実践的、応用的な資金繰りのコツや銀行交渉について説明していきます。

まず、資料の中でもっとも基本となる資金繰り実績・予想表（↓１５６ページ）についてですが、お金の出し入れを項目ごとに合計するだけの表ゆえに、簡単なはずなのにもっとも作成に苦労するようです。

ここでは、その資金繰り実績・予想表の作成を楽にするための予備的な表の作成について説明します。それが**「超簡単資金繰り表」**です。銀行に提出する資金繰り実績・予想表の作成をするために、あえてこの表をつくるというひと手間を加えるのです

そもそも、一般的な資金繰り表の単位は千円単位や万円単位なのですが、この表では五万円単位で書くつもりでざっくりと作成しましょう。

### ◉入金も支払いも預金口座から

ちなみに、普段のお金の管理の仕方によって、資金繰り表の作成をより簡単にするコツがあります。それは、お金の受け渡しをすべて**預金口座**を通して行うことです。

現金商売の場合は、その日の売上金はできるだけすべて預金口座に入金します。現金で仕入れる場合も、必要な分だけそのつど預金口座から引き出して使います。つまり、売上代金を現金で受け取って、その中から仕入れなどの支払いに使うことをやめるのです。じつはたったこれだけのことで、経理処理作業はかなり楽になるはずです。

その代わり、預金口座で出し入れする手間は増えますが、コンビニでもＡＴＭはありますし、パソコンやスマートフォンでも預金取引はできますので、それほどの負担増にはならないはずです。

## ◉超簡単資金繰り表作成の仕方

ここで紹介する超簡単資金繰り表ですが、そのフォーマットに絶対的な決め事はありません。

### ① 収入と支出の中の項目を自由に加工する

もし複数の銀行に取引先からの入金がある場合は、収入の中の項目に、Ａ銀行、Ｂ銀行としてもＯＫです。

### ② 小口の現金支払い分は「小口経費出金」とする

お店などの場合のつり銭や、会社での小払い用としての現金は、必要なときにそのつど預金口座から引き出し、資金繰り表にその合計を記載します。資金繰り表の作成だからといって、レシートや領収書の集計は必要ありません。

### ③「繰越金」＝「預金残高」とする

会社やお店によけいな現金を持たないようにすれば、資金繰り表では繰越金はそのまま預金残高となるように作成できます。

この超簡単資金繰り表を１５６ページの**資金繰り実績・予想表**に合計を転記して銀行に出しましょう（小切手や手形の振り出しは仕入れ支払いのみと限定します。そうすることによって、資金繰り実績・予想表に転記する際に小切手決済額は現金仕入れに、仕入れ振込支払いは買掛金支払いに転記できます）。

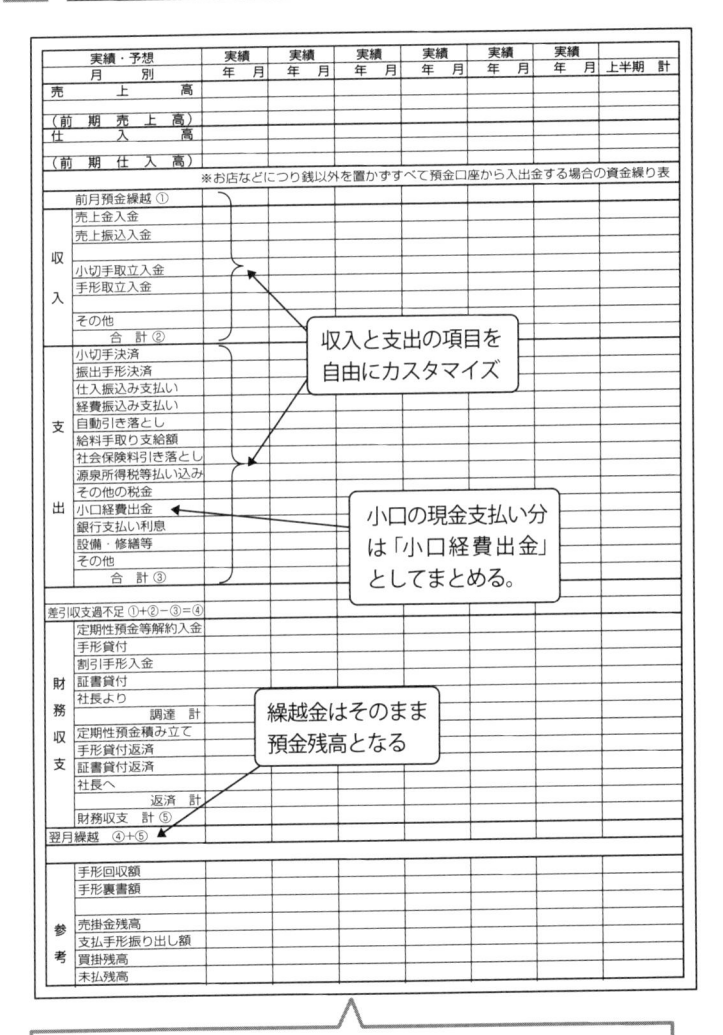

# 超簡単資金繰り表

| | 実績・予想 | 実績 | 実績 | 実績 | 実績 | 実績 | 実績 | |
|---|---|---|---|---|---|---|---|---|
| | 月別 | 年 月 | 年 月 | 年 月 | 年 月 | 年 月 | 年 月 | 上半期 計 |
| 売上高 | | | | | | | | |
| | | | | | | | | |
| （前期売上高） | | | | | | | | |
| 仕入高 | | | | | | | | |
| | | | | | | | | |
| （前期仕入高） | | | | | | | | |
| ※お店などにつり銭以外を置かずすべて預金口座から入出金する場合の資金繰り表 | | | | | | | | |
| | | | | | | | | |
| | 前月預金繰越 ① | | | | | | | |
| 収入 | 売上金入金 | | | | | | | |
| | 売上振込入金 | | | | | | | |
| | | | | | | | | |
| | 小切手取立入金 | | | | | | | |
| | 手形取立入金 | | | | | | | |
| | | | | | | | | |
| | その他 | | | | | | | |
| | 合計 ② | | | | | | | |
| 支出 | 小切手決済 | | | | | | | |
| | 振出手形決済 | | | | | | | |
| | 仕入振込み支払い | | | | | | | |
| | 経費振込み支払い | | | | | | | |
| | 自動引き落とし | | | | | | | |
| | 給料手取り支給額 | | | | | | | |
| | 社会保険料引き落とし | | | | | | | |
| | 源泉所得税等払い込み | | | | | | | |
| | その他の税金 | | | | | | | |
| | 小口経費出金 | | | | | | | |
| | 銀行支払い利息 | | | | | | | |
| | 設備・修繕等 | | | | | | | |
| | その他 | | | | | | | |
| | 合計 ③ | | | | | | | |
| | | | | | | | | |
| 差引収支過不足 ①+②−③=④ | | | | | | | | |
| 財務収支 | 定期性預金等解約入金 | | | | | | | |
| | 手形貸付 | | | | | | | |
| | 割引手形入金 | | | | | | | |
| | 証書貸付 | | | | | | | |
| | 社長より | | | | | | | |
| | 調達計 | | | | | | | |
| | 定期性預金積み立て | | | | | | | |
| | 手形貸付返済 | | | | | | | |
| | 証書貸付返済 | | | | | | | |
| | 社長へ | | | | | | | |
| | 返済計 | | | | | | | |
| | 財務収支 計 ⑤ | | | | | | | |
| 翌月繰越 ④+⑤ | | | | | | | | |
| | | | | | | | | |
| 参考 | 手形回収額 | | | | | | | |
| | 手形裏書額 | | | | | | | |
| | | | | | | | | |
| | 売掛金残高 | | | | | | | |
| | 支払手形振り出し額 | | | | | | | |
| | 買掛残高 | | | | | | | |
| | 未払残高 | | | | | | | |

収入と支出の項目を自由にカスタマイズ

小口の現金支払い分は「小口経費出金」としてまとめる。

繰越金はそのまま預金残高となる

**普段からお金の受け渡しをすべて預金口座を通して行うことで、簡単に資金繰り表をつくることができる。**

「超簡単資金繰り表」のフォーマットについて、本書巻末でダウンロードの案内をしています。

## 2 資本金はいくらあったらいいか？

### 会社設立から考える資金繰り

本節では、会社設立時からの資金繰りを具体的数字を使って考えてみましょう。サンプルは**建設業**ですが、ほかの業種でも同じです。

次ページのサンプルは、**資本金**３００万円で会社を設立した事例です。開業は設立後3カ月後を予定しているので、サンプルでは空白となっています。

１カ月あたりの経費は、人件費など合計１６０万円です。設備投資は６００万円を見込んでおり、日本政策金融公庫から５００万円の借入をする予定です。ということは、会社設立にあたり用意した資本金３００万円のうち１００万円は設備投資の支払いに、１６０万は2カ月目の人件費や経費の支払いに出ていってしまいました。

このサンプルの場合は、資本金は３００万でしたが、すでに2カ月目で40万のお金しか残っていません。資本金が少なすぎると、赤字を出した場合にはすぐに債務超過（資本金以上の赤字）になってしまいます。やはり、１カ月の売上分程度の資本金を目安にしましょう。

# 会社設立時からの資金繰りを示したサンプル例（建設業の場合）

単位：万円

| 実績・予想 | | 1カ月目 | 2カ月目 | 3カ月目 | 4カ月目 | 5カ月目 | 6カ月目 | |
|---|---|---|---|---|---|---|---|---|
| 月別 | | 年　月 | 年　月 | 年　月 | 年　月 | 年　月 | 年　月 | 半年計 |
| 受注工事高 | | | | | | | | 0 |
| 完成工事高 | | | | | | | | 0 |
| | | | | | | | | |
| 材料費・外注費　発注額 | | | | | | | | 0 |
| | | | | | | | | |

| | | 1カ月目 | 2カ月目 | 3カ月目 | 4カ月目 | 5カ月目 | 6カ月目 | 半年計 |
|---|---|---|---|---|---|---|---|---|
| 前月預金繰越① | | 0 | 300 | 40 | | | | 0 |
| 収入 | 手付金 | | | | | | | 0 |
| | 完成工事代入金 | | | | | | | 0 |
| | | | | | | | | 0 |
| | | | | | | | | 0 |
| | | | | | | | | 0 |
| | | | | | | | | 0 |
| | 合計② | 0 | 0 | | | | | 0 |
| 支出 | 材料・外注費支払い | | | | | | | 0 |
| | | | | | | | | 0 |
| | 人件費 | | 50 | | | | | 50 |
| | 役員報酬 | | 60 | | | | | 60 |
| | 家賃 | | 20 | | | | | 20 |
| | その他経費 | | 30 | | | | | 30 |
| | 車輌運搬具 | | 300 | | | | | 300 |
| | 工具器具備品 | | 200 | | | | | 200 |
| | 保証金 | | 100 | | | | | 100 |
| | 支払利息 | | | | | | | 0 |
| | | | | | | | | 0 |
| | 合計③ | 0 | 760 | | | | | 760 |
| 経常収支　②−③ | | 0 | −760 | | | | | −760 |
| | | | | | | | | |
| 差引収支過不足①+②−③=④ | | 0 | −460 | | | | | −760 |
| 財務収支 | 資本金 | 300 | | | | | | 300 |
| | 日本政策公庫借入 | | 500 | | | | | 500 |
| | | | | | | | | 0 |
| | 信金から短期借入 | | | | | | | 0 |
| | | | | | | | | 0 |
| | 調達計 | 300 | 500 | | | | | 800 |
| | | | | | | | | 0 |
| | 公庫返済 | | | | | | | 0 |
| | 信金へ短期借入返済 | | | | | | | 0 |
| | | | | | | | | 0 |
| | 返済計 | 0 | 0 | | | | | 0 |
| | 財務収支計⑤ | 300 | 500 | | | | | 800 |
| 翌月繰越　④+⑤ | | 300 | 40 | | | | | 40 |

1カ月あたりの経費
合計160万円

設備投資の経費
合計600万円

会社設立資本金
300万円

この計画の場合、手持ち金はすでに
40万円しかないことに。
資本金は300万で足りるのだろうか？

## 3 資金繰り予測はゲームのルール設定のようなもの？

### 建設業のための実践的資金繰り

本節では、建設業など受注業のための資金繰りの予測の仕方について説明します。

建設業などの受注業の場合は、売上代金の入金は発注者との契約次第となってしまいますので、いってみれば契約相手と合意のうえでそのつどルールを決めるようなものです。

次ページの表は前節の資金繰り表サンプルの続きで、３カ月後に完成予定の４０００万円の工事を受注した場合の資金繰り表です。

この入金予定と支払い予定の場合は、４カ月目で資金ショートしてしまうので、銀行から短期借入金を融資してもらう必要があります。

サンプルの場合は、４カ月目に５００万円を借入れ、工事の完成する６カ月目に工事代金の入金を待って、その返済をします。

このサンプルの場合は5カ月目も資金ショートしてしまうので、その分も見込んで4カ月目に借入をします。

# 資金繰りの予測を示したサンプル例（建設業の場合）

この事例の場合は、4000万円の工事を3600万円で制作する予定である。毎月の材料や外注の発注額を各月に記入する

この場合は、4000万円の工事なので、入金合計が4000万円になるようにする

単位：万円

| 実績・予想 | | 1カ月目 | 2カ月目 | 3カ月目 | 4カ月目 | 5カ月目 | 6カ月目 |
|---|---|---|---|---|---|---|---|
| 月　別 | | 年　月 | 年　月 | 年　月 | 年　月 | 年　月 | 年　月 |
| 受注工事高 | | | | 4,000 | | | 4,000 |
| 完成工事高 | | | | | | | |
| 材料費・外注費　発注額 | | | | 1,000 | 1,000 | 1,200 | |
| | 前月預金繰越 ① | 0 | 300 | 40 | 370 | 200 | 30 |
| 収入 | 手付金 | | | 500 | 500 | 1,000 | |
| | 完成工事代入金 | | | | | | 2,000 |
| | 合　計 ② | 0 | 0 | 500 | 500 | 1,000 | 2,000 |
| 支出 | 材料・外注費支払い | | | | 1,000 | 1,000 | 1,200 |
| | 人件費 | | 50 | 50 | 50 | 50 | 50 |
| | 役員報酬 | | 60 | 60 | 60 | 60 | 60 |
| | 家賃 | | 20 | 20 | 20 | 20 | 20 |
| | その他経費 | | 30 | 30 | 30 | 30 | 30 |
| | 車輌運搬具 | | 300 | | | | |
| | 工具器具備品 | | 200 | | | | |
| | 保証金 | | 100 | | | | |
| | 支払利息 | | | | | | |
| | 合　計 ③ | 0 | 760 | 160 | 1,160 | 1,160 | |
| 経常収支　②－③ | | 0 | －760 | 340 | －660 | －160 | 640 |
| 差引収支過不足 ①＋②－③＝④ | | 0 | －460 | 380 | －290 | 40 | 670 |
| 財務収支 | 資本金 | 300 | | | | | |
| | 日本政策公庫借入 | | 500 | | | | |
| | 信金から短期借入 | | | | 500 | | |
| | 調達　計 | 300 | 500 | 0 | 500 | 0 | 0 |
| | 公庫返済 | | | 10 | 10 | 10 | 10 |
| | 信金へ短期借入返済 | | | | | | 500 |
| | 返済　計 | 0 | 0 | 10 | 10 | 10 | 510 |
| | 財務収支　計 ⑤ | 300 | 500 | －10 | 490 | －10 | －510 |
| 翌月繰越　④＋⑤ | | 300 | 40 | 370 | 200 | 30 | 160 |

手付金、中間金の入金予定

完成工事代金の入金で返済する

290万円資金ショートするので、500万円を短期借入する

500万円借りておかないと5カ月目も資金ショートしかねない

# 4 資金繰り表から利益の予想をしてみる

## 粗利が出ても営業利益がゼロになることも

資金繰り表からでもおおよその利益の予想はできます。本節では資金繰り表からの利益の予想方法について説明していきます。

前ページの6カ月資金繰りサンプルに集計を加えたものが次ページの表です。

完成した工事が４０００万円ということは売上高が４０００万円ということになります。そのうち４０００万円の工事にかかった材料費などの費用が３２００万円です。その差し引きを**売上総利益（粗利）**といい、８００万円となります。

人件費からその他経費までの合計が８００万円となりますから、これを売上総利益から差し引いた**営業利益**はゼロとなってしまいます。

このサンプルの中では、借入金への支払い利息は無視していますが、営業利益から支払い利息を差し引いた経常利益はマイナスになってしまいます。しかし、あくまでも6カ月間の予想なのでこのような資金繰り予測でもかまいません。

# 資金繰り表から利益を予測したサンプル例（建設業の場合）

6カ月の合計

単位：万円

| | 実績・予想 | 1カ月目 | 2カ月目 | 3カ月目 | 4カ月目 | 5カ月目 | 6カ月目 | | |
|---|---|---|---|---|---|---|---|---|---|
| | 月　別 | 年　月 | 年　月 | 年　月 | 年　月 | 年　月 | 年　月 | 半年　計 | |
| | 受注工事高 | | | 4,000 | | | | 4,000 | |
| | 完成工事高 | | | | | 4,000 | 4,000 | 4,000 | ① |
| | （売上高） | | | | | | | | |
| | 材料費・外注費　発注額 | | | 1,000 | 1,000 | 1,200 | | 3,200 | ② |
| | （売上原価） | | | | | | | | |
| | 売上総利益 | | | | | | | 800 | ③ |

| | | 1カ月目 | 2カ月目 | 3カ月目 | 4カ月目 | 5カ月目 | 6カ月目 | 半年計 | |
|---|---|---|---|---|---|---|---|---|---|
| | 前月預金繰越 ① | 0 | 300 | 40 | 370 | 200 | 30 | 0 | |
| 収入 | 手付金 | | | 500 | 500 | 1,000 | | 2,000 | |
| | 完成工事代入金 | | | | | | 2,000 | 2,000 | |
| | | | | | | | | 0 | |
| | | | | | | | | 0 | |
| | | | | | | | | 0 | |
| | | | | | | | | 0 | |
| | 合　計 ② | 0 | 0 | 500 | 500 | 1,000 | 2,000 | 4,000 | |
| 支出 | 材料・外注費支払い | | | | 1,000 | 1,000 | 1,200 | 3,200 | |
| | | | | | | | | 0 | |
| | 人件費 | | 50 | 50 | 50 | 50 | 50 | 250 | ④ |
| | 役員報酬 | | 60 | 60 | 60 | 60 | 60 | 300 | ⑤ |
| | 家賃 | | 20 | 20 | 20 | 20 | 20 | 100 | ⑥ |
| | その他経費 | | 30 | 30 | 30 | 30 | 30 | 150 | ⑦ |
| | 車輌運搬具 | | 300 | | | | | 300 | |
| | 工具器具備品 | | 2 | | | | | 200 | |
| | 保証金 | | 1 | | | | | 100 | |
| | 支払利息 | | | | | | | 0 | |
| | | | | | | | | 0 | |
| | 合　計 ③ | 0 | 760 | 160 | 1,160 | 1,160 | 1,360 | 4,600 | |
| 経常収支　②−③ | | 0 | −760 | 340 | −660 | −160 | 640 | −600 | |
| | | | | | | | | | |
| 差引収支過不足 ①+②−③=④ | | 0 | −460 | 38 | | | | −600 | |
| 財務収支 | 資本金 | 300 | | | | | | 300 | |
| | 日本政策公庫借入 | | 500 | | | | | 500 | |
| | | | | | | | | 0 | |
| | 信金から短期借入 | | | | 500 | | | 500 | |
| | | | | | | | | 0 | |
| | 調達　計 | 300 | 500 | 0 | 500 | 0 | 0 | 1,300 | |
| | | | | | | | | 0 | |
| | 公庫返済 | | | 10 | 10 | 10 | 10 | 40 | |
| | 信金へ短期借入返済 | | | | | | 500 | 500 | |
| | | | | | | | | 0 | |
| | 返済　計 | 0 | 0 | 10 | 10 | 10 | 510 | 540 | |
| | 財務収支　計 ⑤ | 300 | 500 | −10 | 490 | −10 | −510 | 760 | |
| 翌月繰越　④+⑤ | | 300 | 40 | 370 | 200 | 30 | 160 | 160 | |

売上4000万円−売上原価3200万円＝800万円

簡略化するために借入の利息は無視している

販売費および管理費の合計

**営業利益の計算**

①−②−(④+⑤+⑥+⑦)＝

4000万−3200万−800万＝0

この計画だと半年間の営業利益はゼロ！

## ５　資金繰り表が合っているかどうかの確かめ方とは？

### おもな貸借残高と利益でチェックする

資金繰りの予想をつくっていて心配なのが、はたしてその計算が合っているのかどうか、間違いがないかどうかだと思います。本節ではそのチェック法について説明します。

**◉おもな貸借残高（資産と負債の残高）でチェックする**

前節の資金繰り表サンプルの場合の、おもな資産と負債の残高は次ページの下の「参考」という表になります。おもな資産は、６カ月目の繰越金１６０万円から車両運搬具・工具器具備品・保証金までの合計７６０万円です。おもな負債は長期借入金残高の４６０万円と資本金３００万の合計７６０万円で、資産と負債・資本残高が一致しました。

**◉念のため検算をしてみる**

資本金３００万円＋利益ゼロ－保証金支払い１００万円－借入返済40万円＝１６０万円
＝繰越金となります。

## 資金繰り表に間違いがないかを確認

単位：万円

| 実績・予想 | | 1カ月目 | 2カ月目 | 3カ月目 | 4カ月目 | 5カ月目 | 6カ月目 | |
|---|---|---|---|---|---|---|---|---|
| 月別 | | 年　月 | 年　月 | 年　月 | 年　月 | 年　月 | 年　月 | 半年　計 |
| 受注工事高 | | | | 4,000 | | | | 4.000 |
| 完成工事高 | | | | | | 4.000 | 4.000 | 4.000 |
| （売上高） | | | | | | | | |
| 材料費・外注費　発注額 | | | | 1,000 | 1,000 | 1,200 | | 3,200 |
| | | | | | | | | |
| | | | | | | | | |
| | 工具器具備品 | | 200 | | | | | 200 |
| | 保証金 | | 100 | | | | | 100 |
| | 支払利息 | | | | | | | 0 |
| | | | | | | | | 0 |
| | 合　計③ | 0 | 760 | 160 | 1,160 | 1,160 | 1,360 | 4,600 |
| 経常収支　②－③ | | 0 | −760 | 340 | −660 | −160 | 640 | −600 |
| | | | | | | | | |
| 差引収支過不足 ①+②−③=④ | | 0 | −460 | 380 | −290 | 40 | 670 | −600 |
| 財務収支 | 資本金 | 300 | | | | | | 300 |
| | 日本政策公庫借入 | | 500 | | | | | 500 |
| | | | | | | | | 0 |
| | 信金から短期借入 | | | | 500 | | | 500 |
| | | | | | | | | 0 |
| | 調達　計 | 300 | 500 | 0 | 500 | 0 | 0 | 1.300 |
| | | | | | | | | 0 |
| | 公庫返済 | | | 10 | 10 | 10 | 10 | 40 |
| | 信金へ短期借入返済 | | | | | | 500 | 500 |
| | | | | | | | | 0 |
| | 返済　計 | 0 | 0 | 10 | 10 | 10 | 510 | 540 |
| | 財務収支　計⑤ | 300 | 500 | −10 | 490 | −10 | −510 | 760 |
| 翌月繰越　④+⑤ | | 300 | 40 | 370 | 200 | 30 | 160 | 160 |

| | | | | | | | | |
|---|---|---|---|---|---|---|---|---|
| 参考 | | | | | | | | |
| | 車両運搬具 | | 300 | 300 | 300 | 300 | 300 | |
| | 工具器具備品 | | 200 | 200 | 200 | 200 | 200 | |
| | 保証金 | | 100 | 100 | 100 | 100 | 100 | |
| | | | | | | | | |
| | 工事未払い金 | | | 1000 | 1000 | 1200 | 0 | |
| | 前受金（手付金） | | | 500 | 1000 | 2000 | | |
| | 信金短期借入金 | | | | 500 | 500 | 0 | |
| | 長期借入金 | | 500 | 490 | 480 | 470 | 460 | |
| | | | | | | | | |
| | 資本金 | 300 | 300 | 300 | 300 | 300 | 300 | |
| | 営業利益（累計） | | −160 | −320 | −480 | −640 | 0 | |

工事代金は翌月払いなので、その月は未払いとなる

手付金や中間金は、工事が完成するまでは前受金とする

## 6 建設業や製造業など受注業に必要な資料とは?

受注業務概況表をつくる

建設業や製造業などで受注から完成まで数カ月かかるような場合は、おもな受注工事などの一覧表とその入金予定表をつくって資金繰り表に添付します。

### 工事ごとの入金予定と予算額の一覧表

**受注業務（工事）概況表**の作成のポイントは、入金予定月の金額と、資金繰り表の入金予定を一致させることとです。この受注工事概況表にも、正式な様式や決まり事はありませんから、入金予定の月がサンプルのように6カ月で足りない場合は、表を加工してかまいません。さらに、工事契約書や、おもな予算額の見積りなどの用意ができれば、融資交渉の際の準備としてはほぼ完璧でしょう。

たとえ契約までいたっていない場合でも、受注に向けて営業活動している工事、見込んでいる工事予定などもあれば、この表に書き入れておいたほうが、融資交渉では印象が良くなります。

# 受注工事概況表サンプル

| 工期 | | | | | 入金予定 | | | | | | 工事を引当とする入金 | | | 実行（施行） |
|---|---|---|---|---|---|---|---|---|---|---|---|---|---|---|
| （起工月日）（竣工月日） | 発注者 | 工事名称 | 請負金額 | | 3月 | 4月 | 5月 | 6月 | 7月 | 8月 | 借入日 | 銀行名 | 金額 | 予算額 |
| 3月 | A工事 | | 4,000 | 現金 | 500 | 500 | 1,000 | 2,000 | | | 4月 | 信金 | 500 | 3,200 |
| 6月 | | | | 手形 | | | | | | | | | | |
| 7月 | B工事 | | 2,500 | 現金 | | | | | | | | | | |
| 9月 | | | | 手形 | | | | | | | | | | |
| 8月 | C工事 | | 3,000 | 現金 | | | | | | | | | | |
| 12月 | | | | 手形 | | | | | | | | | | |
| | | | | 現金 | | | | | | | | | | |
| | | | | 手形 | | | | | | | | | | |
| | | | | 現金 | | | | | | | | | | |
| | | | | 手形 | | | | | | | | | | |
| | | | | 現金 | | | | | | | | | | |
| | | | | 手形 | | | | | | | | | | |
| | | | | 現金 | | | | | | | | | | |
| | | | | 手形 | | | | | | | | | | |
| | | | | 現金 | | | | | | | | | | |
| | | | | 手形 | | | | | | | | | | |
| | | | | 現金 | | | | | | | | | | |
| | | | | 手形 | | | | | | | | | | |
| | | | | 現金 | | | | | | | | | | |
| | | | | 手形 | | | | | | | | | | |
| 計 | | | 9,500 | 現金 | 500 | 500 | 1,000 | 2,000 | | | | | | 3,200 |
| | | | | 手形 | | | | | | | | | | |

手付金、中間金の入金予定を書く。
資金繰り表と一致させること

今後、受注していく予定の工事などを書いておく。
確約した受注だけでなく、営業交渉中の工事も書いてかまわない

「概況表」のフォーマットについて、本書巻末でダウンロードの案内をしています。

## 7 実践的融資交渉の極意とは？

### 資料は銀行員の要求があってから見せる

ここで、これまで述べてきたすべての**融資交渉**の際の極意について説明します。

融資交渉を有利に進める極意は資料づくりにありますが、そのつくった資料すべてを融資担当者に見せればいいというわけではありません。

### 融資担当者の気持ちも理解する

必ずしも、銀行のすべての融資担当者が、企業の資金繰り表や各種資料の見方に精通しているとは限りません。

とくに中小企業向け融資の実際の現場では、融資の際に融資担当者が欲しがっている資料（第４章や本章の資料）が中小企業から過不足なく提出されることのほうが珍しいともいえるのです（正確なデータの裏づけはないので著者の経験と実感）。つまり融資が断られる理由の多くは、資料そのものがないことだったりするのですが、それゆえ融資担当者も見慣れていなかったりします。

したがって、資料の用意をするのはもちろんですが、いきなりすべての資料をドヤ顔で出すと面食らう可能性がありますので、融資担当者から要求されてから見せるというのが交渉上は有効です。

## 融資交渉での資料の見せ方のコツ

資料を全部つくってきました！
？？
ドヤ！


融資担当者は資料の読み方に精通しているわけではないので、いきなり何枚もの資料を見せられると面食らってしまうことも。

工事の予定はどのくらい入っていますか？
それでしたら、受注工事概況表をご覧ください！
受注工事概況表


融資担当者に要求されてから見せるようにする。逆にいえば、何を要求されてもすぐに資料を出せるように準備をしておくことが大切。

# 8 なぜ中小企業の決算には赤字が多いのか？

## 節税のやりすぎには注意する

銀行の融資担当者が、中小企業の融資資料を見慣れていない理由について説明します。その理由は、中小企業の決算書には独特の会計処理が多く見受けられるのと、赤字の中小企業が多いからです。

中小企業では決算業務などを顧問税理士に一任していることがほとんどです。よって、本来の会計処理（上場企業の場合など）をより簡略化する場合が多くなります。上場企業の決算書の見方を学んだ銀行員にとっては、なかなか理解しがたいのが実情です。

**中小企業に赤字会社が多い理由は、ズバリ、節税のやりすぎ**です。誰しも損をするつもりで会社経営をしていませんが、いざ儲かった（利益が出た）ら、やはり税金は払いたくない、という思いがあるでしょう。

儲かった場合は（正しくは儲かりそうな場合は）、まず経営者としての給料を増やせるだけ増やし、保険なども経費で落とせる範囲内で入れるだけ入り、交際費も使えるだけ使い、できるだけ会社の利益を少なくして税負担を軽くする――。その結果、会社には最小限の利益しか残らなくなるということです。

これでは、上場企業の決算書ばかりで勉強してきた融資担当者にしてみれば、儲かっているのか儲かっていないのかさえ、よくわかりません。

## ●本当に節税はお得なのか？

しかし、このような中小企業の節税対策もリスクと隣り合わせだということを理解しておきましょう。

当たり前ですが、不景気になったりすると、すぐに資本金以上の赤字になって債務超過になってしまいます。その結果、儲かっていたときに、給料を取れるだけ取って貯めたお金を、また自分の会社に貸すことになります。これは中小企業経営者の宿命（？）みたいなものです。もちろん、それで経営が回るのであれば問題ないともいえます。

しかし忘れてはいけないのは、経営者として給料を増やせば、それだけ経営者個人の所得税や住民税、社会保険料の負担も増えるということです。

節税は会社としての税負担**（法人税）**とどちらの負担が大きいか、よく計算してからやりましょう。ちなみに、この原稿を書いている**平成27（2015）年4月現在、法人税率は過去最低**です。

# 9 目安となる利益はいくらなのか？

## 銀行の評価として利益目標の数値はいくらか？

黒字決算にはしたいが、税負担も減らしたい中小企業において、何か利益の目安となる指標はあるのでしょうか？

銀行の融資先の決算書評価（第3章）の中の目安の1つに、**償還年数**という数値があります。

これは、**償却前税引き後利益**で現在の**借入金**の返済をするのに何年かかるかを示しています。要するに、「長期借入金÷償却前税引き後利益」で計算した数値を償還年数といいます。現在の利益で長期借入金の返済に何年かかるかを計算した数字です。

これは、実際の借入返済額や残りの返済期間とは関係なく、あくまでの評価としての計算数値です。

長期借入金といっても、長期運転資金と設備資金とに分けて考えます。長期運転資金に関しての償還年数は10年以内、設備資金は20年以内が理想的な償還年数です。

## 利益の目安となる「償還年数」とは何か？

**長期借入金 ÷ 償却前税引き後利益＝償還年数**

**長期運転資金の償還年数の目安**

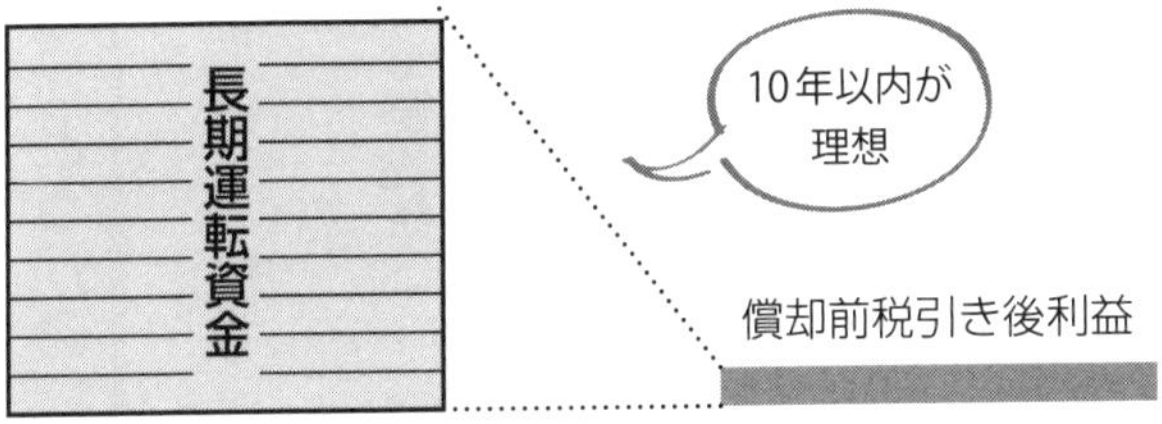


**設備資金の償還年数の目安**

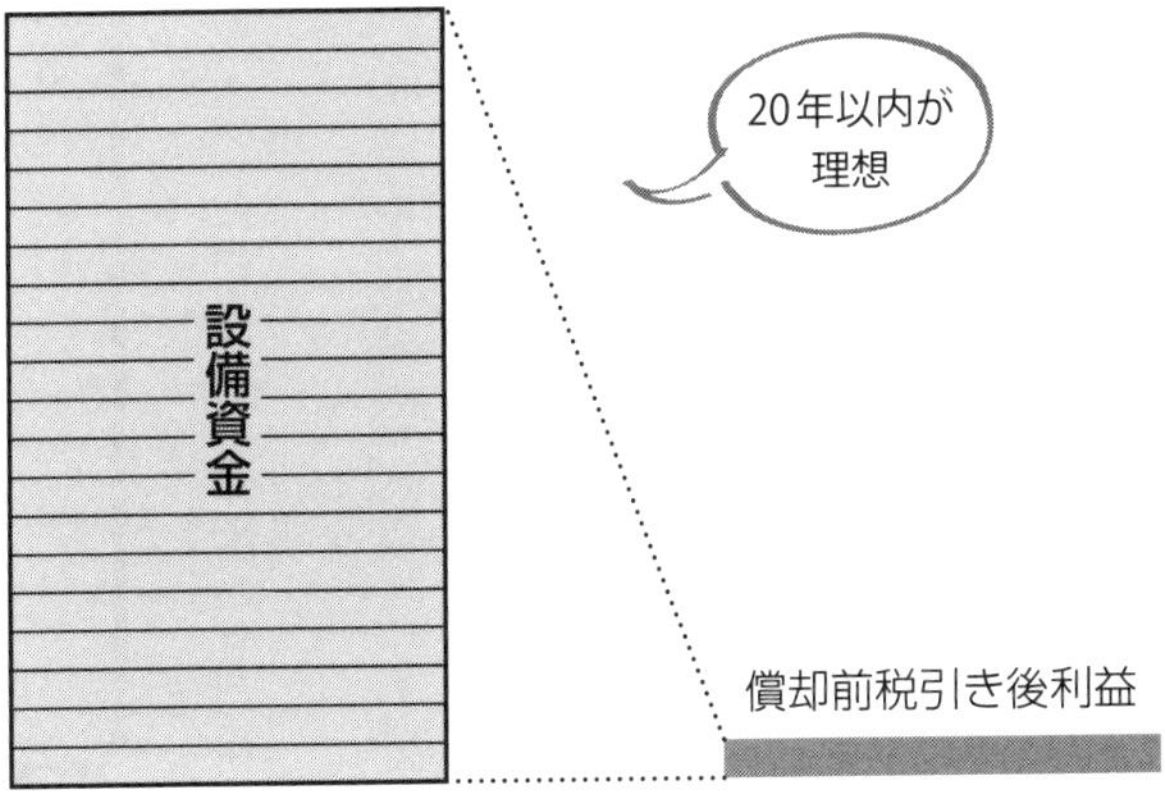

# 10 銀行は返せるかどうかの審査をしていない？

## ↓融資審査は貸せるかどうかの審査をしている

誤解を恐れずにいいますと、銀行は融資の審査の際に、融資したお金が本当に返せるかどうかの審査はしていません。

１８０ページで**償却前税引き後利益**について説明しましたが、毎月の返済額の1年分以上の償却前税引き後利益がなければ、その企業には返済できるほどの収益力はないということです。まして、赤字となればなおさらです。

だからといって、銀行は必ずしも融資を断ったりはしません。第4章の資料作成の説明においても、損益予想は必ず黒字になるようにつくりましょうとは書いておりません。ということは、業績が悪いからというだけで、融資に応じてもらえないのではないかと悲観する必要はまったくないということです。

ただし、逆にいうと、銀行が融資してくれたからといって油断は禁物ともいえます。

### ◉ 結局基準がないので融資の可否は判断できない

実際に、たとえ赤字決算の会社でも融資を受けることはできますし、赤字の会社に融資をしてはいけないという法律や規制もありません。それどころか、不況の際には売上が減少した企業、利益が減った企業向けの**制度融資**などが発表され、銀行もむしろ積極的に融資を行ったりもします。普通に考えたら、貸しても「借り手が返せなくなるんじゃないの？」と心配になりそうです。

そう、融資を理解するのに悩むのはそこなのです。赤字ならＮＧ、黒字ならＯＫというなら単純明快でわかりやすいのですが、そうしたはっきりとした線引きがありそうでないのです。第３章で、融資先のランク付けや自己査定についても、銀行それぞれで違っているとも書きました。しかし逆に考えれば、あらゆる可能性は残されていると前向きに考えることもできます。実際、いざというときはなんとかなってしまうこともあります。

平成20（２００８）年、リーマン・ショックと呼ばれた世界的不況に見舞われた際、売上が10分の１にまで落ち込んだ製造業から相談されたことがあります。さすがに進退きわまったかなと思ったのですが、なんとメインバンクは融資に応じてくれました。

**メインバンク側に立って考えてみれば、もし貸さないと間違いなく倒産されてしまい、これまで貸した分が貸倒になってしまうことを恐れた**のでしょう。この例のように、融資の基準は「返せるかどうか」だけではないということです。

# 11 返済を続ける利益がない場合はどうしたらいいか？

## 現在の手持ち資金と利益、返済額で借換時期がわかる

ここで融資の**借換**について詳しく説明していきます。

返済を続けられる利益（償却前税引き後利益）がなければ、手持ち資金が減っていくだけになります。よって、その手持ち資金がなくなる頃に、また長期運転資金として借換をする必要があるのです。

### ●借換の方法とは？

以前に借りた融資と同じ種類（制度）の融資を新たに受けて、以前の融資の残高を返済することを借換といいます。

たとえば4年前に5年返済で１０００万円の融資を受けて、現在２００万円の融資残高があったとした場合、新たに１０００万円を借りてその中から２００万円を返済し、８００万円を受け取るという方法です。

現在の利益状態が返済額以下の場合は、この借換の時期を予想することができます。

## 借換シミュレーション

◎2000万円の運転資金を5年返済（1年で400万円返済）借入
◎うち、1000万円を在庫などの支払いに使用
◎年間の償却前税引き後利益は100万円
◎足りない300万円を運転資金から捻出する

という場合……

| | 返済分（400万円） | 資金残高 | 借入残高 |
|---|---|---|---|
| 1年目 | 100万円+300万円 | 700万円 | 1600万円 |
| 2年目 | 100万円+300万円 | 400万円 | 1200万円 |
| 3年目 | 100万円+300万円 | 100万円 | 800万円 |

さらに2,000万円を同じ条件で借りる（借換）
（資金残高は1,300万円に）

| | | | |
|---|---|---|---|
| 4年目 | 100万円+300万円 | 1000万円 | 1600万円 |
| 5年目 | 100万円+300万円 | 700万円 | 1200万円 |
| 6年目 | 100万円+300万円 | 400万円 | 800万円 |
| 7年目 | 100万円+300万円 | 100万円 | 400万円 |

さらに2,000万円を同じ条件で借りる（借換）
（資金残高は1,700万円に）

| | | | |
|---|---|---|---|
| 8年目 | 100万円+300万円 | 1400万円 | 1600万円 |
| 9年目 | 100万円+300万円 | 1100万円 | 1200万円 |
| 10年目 | 100万円+300万円 | 800万円 | 800万円 |

**10年目で資金残高と借入残高が一致**

※ここでは支払い利息は無視

# 12 複数の銀行から融資を受ける場合の借換方法とは？

借換のローテーション

複数の銀行から定期的に借入**（借換）**する方法について説明します。

その要領は、前節の借換をそれぞれ複数の銀行を相手に行うのです。

## 複数の銀行から融資を受けておくと逆に借りやすくなる？

1つの銀行だけとの融資取引では、貸すほうも借りるほうも両方のリスクが高くなります。とくに**貸すほうの銀行としては、自分の銀行以外からも借入があったほうが万が一のリスクが軽減されますので、複数銀行からの借入はむしろ歓迎されます。**

仮に、3つの銀行から1年ごとに運転資金の借入をした場合、3年おきに借換をしようとするならば、その融資交渉は当然3年ごとになります。5年返済の借入とするならば、3年経過後にはその融資残高も5分の2に減っていますから、スムーズな借換となるでしょう。

## 複数の銀行との借換えローテーションのイメージ

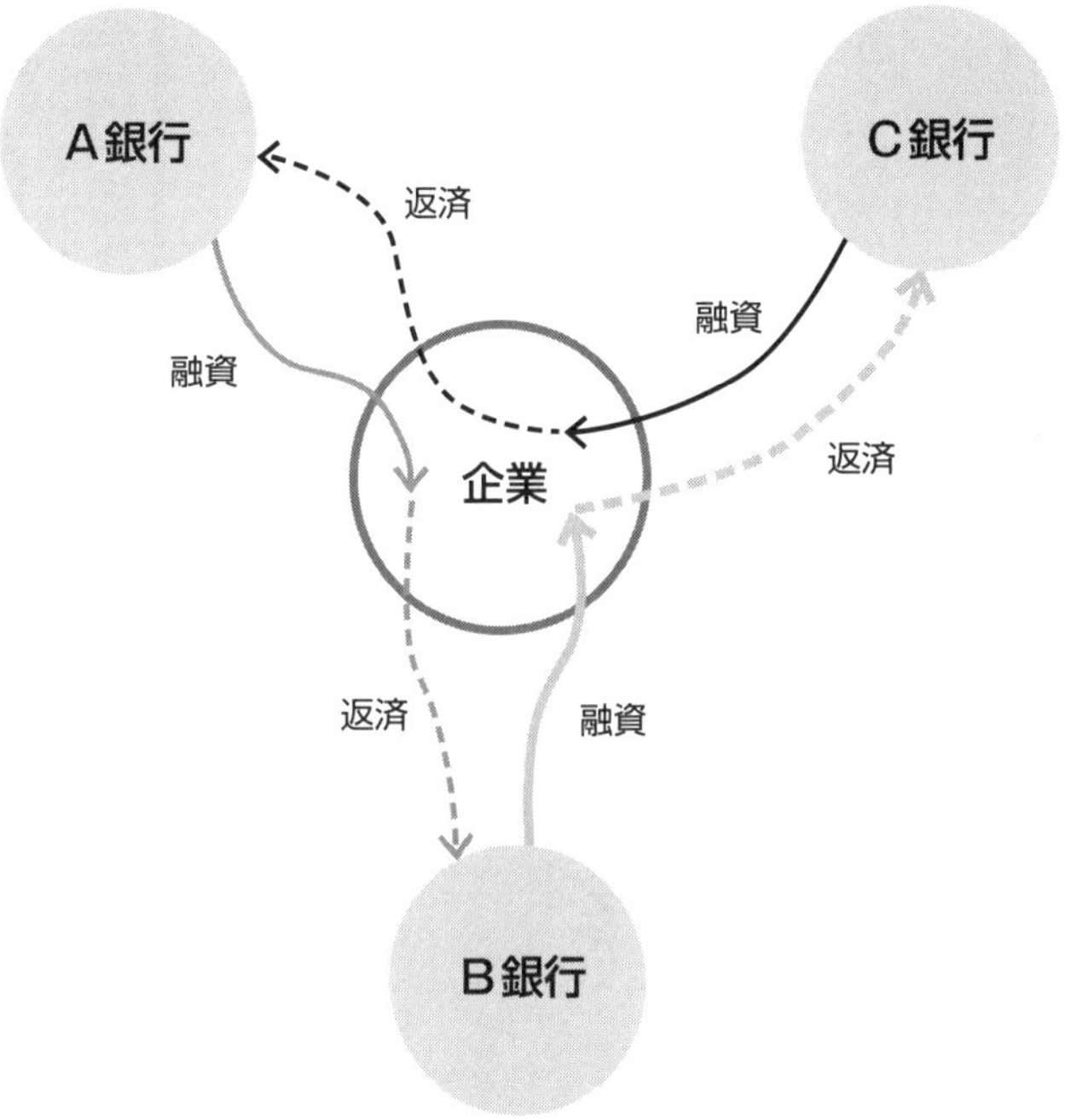


◎銀行にとっても、自分の銀行以外から借入があったほうが貸倒のリスクが減る。
◎仮にA銀行が融資を断った場合、B銀行とC銀行に返せなくなるので、A銀行は融資を断りづらい。

**企業と複数行の持ちつ持たれつの運命共同体!?**

# 13 銀行とトラブルになった場合の対処法は？

## 金融円滑化法は期限切れ後も努力義務は続行中

本章の最後に、融資交渉中にトラブルになった場合の対処法について説明します。

中小企業と銀行とはどちらも地域に密着しているため、長年の取引関係から、融資交渉において何らかのトラブルになったりすることもあります。とくに、第5章で説明した返済猶予交渉の際には、銀行から強く拒絶されることはないとも言い切れません。

### 金融円滑化法期限切れは拒絶理由にはならない

じつは**返済猶予**というのは、法律で認められていた制度でしたが、平成25（２０１３）年3月末日をもってその法律は終わってしまいました。しかし、その法律の終了後も、銀行は融資先からの返済猶予の申し出があればできるだけ対応するように政府から指導されています。

もし、返済猶予交渉において金融円滑化法の終了を理由に拒絶されるようなことがあったならば、銀行の監督官庁である金融庁（もしくは各地方財務局）に相談してみましょう。

## 金融庁が発行している「中小企業等金融円滑化相談窓口のご案内」

金融庁　財務局　～中小企業等金融円滑化相談窓口のご案内～

**借り手のみなさまへ！**

**借入れなどでお困りのことはありませんか？**

**ご相談は財務局・財務事務所の相談窓口へ！**

① 中小企業金融円滑化法の期限到来後における金融機関や金融庁・財務局の対応について、ご質問・ご相談はございませんか。

② 借入れや返済について、取引金融機関との間でお困りのことはございませんか。

③ 経営改善や事業再生に関する中小企業支援策の活用について、ご相談はございませんか。

☆さまざまなご質問やご相談にお答えいたします。
助言等も積極的に行います(※)。

☆ご相談内容に応じて専門の機関(※※)をご紹介いたします。
どうぞご遠慮なく、ご相談ください。

（※）　ご同意いただければ、金融機関への事実確認等を行います。

（※※）地方公共団体、経済産業局、信用保証協会、政府系金融機関、商工会、商工会議所、中小企業団体中央会、中小企業再生支援協議会、地域経済活性化支援機構（企業再生支援機構を改組）　等

⇒ 具体的なお問い合わせ先については、裏面をご覧下さい。

**中小企業金融円滑化法の期限到来後の検査・監督の方針**

○ 金融機関が、**貸付条件の変更等や円滑な資金供給に努めるべき**ということは、円滑化法の期限到来後においても**何ら変わりません。**

⇒ **検査・監督を通じて金融機関に対し、**関係金融機関と十分連携を図りながら、**貸付条件の変更等や円滑な資金供給に努めるよう促します。**

○ 金融機関に対して、借り手の経営課題に応じた**最適な解決策を、借り手の立場に立って提案し、十分な時間をかけて実行支援**するよう促します。

※ 詳しくは、下記ウェブサイトもご覧ください。
http://www.fsa.go.jp/policy/chusho/enkatu/danwa121101.pdf

## コラム❻ 借り続ける経営で東証マザーズ上場へ！

本書の執筆中に、私のクライアントの中から東証マザーズ上場準備に入った会社さんが出てきました。

拙著『借金バンザイ！』や『なぜ社長のベンツは４ドアなのか？』などのモデルになった会社さんで、『借金社長のための会計講座』では債務超過だったころの実際の決算書までほぼそのまんま掲載されている会社です。

その秘訣を一言でいえば、銀行の融資の使い方です。赤字経営から脱却するために、会社をもっと大きくする道を選んだのです。そのためには銀行から融資を受けることが不可欠です。

規模を10倍にすることができれば利益も10倍になるだろうという、動機はいたってシンプルです。

ちなみに、年商も利益も当時の10倍以上になりましたが、借入残高は20倍以上になりました！

要は、借りた金をすべてお店の出店費用に使ったのです。もちろん「損」をしないという前提です。「損」さえしなければ赤字決算にはなりませんからね。

いつのころからか、次々と銀行が融資のセールスにやってきて、どんどん資金調達がスムーズになっていきました。

すべては使い方しだいということです。

# あとがき――本書に賞味期限はない！

最後までお読みいただき、ありがとうございました。

「よくわからなかったな……」という感想でも、けっしてがっかりしたりしないでください。そう思われてしまう理由の大半は私の表現力不足にあるのですが、そもそも資金繰りや融資というのは、自分で経験してみないことには実感できないものなのです。

これが税金について書かれた本や、決算書の見方について書かれた本との最大の違いです。税金や決算書の本については、「税金のルールは○○なのです」「決算書の構造は△△となっています」と書いてあるまま暗記するしかありません。

ところが、資金繰りや融資に関してはどうでしょう？

「融資を受けるには、返済できるくらいの利益がないと返せなくなるから、利益が出ていないと融資は受けられない？」

そんなことはありませんね。「赤字でも受けられる融資はあります」と本書の中で何度も書いています。

しかし、論理的にはすでに矛盾しています。この矛盾でつまずくと、資金繰りや融資に関しての本を何冊、何度読んでも、なかなか頭に入ってこないかもしれません。

しかし、どうか挫折しないでください。

この矛盾を克服するには、ぜひ第4章の資料サンプルの作成にチャレンジしてください。そして、自分でつくった資料で銀行交渉に挑んでみてください。その実体験の中で、自分の会社だけのルール、コツが必ず見えてくるはずです。

私のクライアントさんは、第4章の資料サンプルの作成指導を必ず私から受けます。私がつくってあげるのではなく、私はつくり方を教えるだけです。

銀行交渉をするのは、私がしてあげるのではなく、クライアントさんが自分でするのです。

すると、多くのクライアントさんは次のような率直な感想を語ってくださいます。

**「なんだかよくわからなかったのですが、言われたように資料をつくって銀行に持って行って話したら、（債務超過だったりするのに）融資のOKが出ました」**

その理由は、過去の業績が債務超過にせよ、社長みずからが会社の業績、数字を説明できたことにあります。社長が自分の言葉で銀行員に説明できたのであれば、たとえ過去の業績は悪かったとしても、銀行員は「今後は改善してくれるだろうな。だったら融資しようか」と考え、その期待が融資という結果につながっているのです。

「まえがき」にも書きましたが、ぜひ一度読んで終わりにすることなく、会社の業績が変化したときや融資を受ける前には、必ず読み返して、今後の資金繰りにお役立てください。

幸いなことに、融資に関しては税金の改正のように年度によって変化しませんし、決算書の見方、利益や純資産の部の見方に関しての変更もありません（昔は純資産の部を自己資本といっていましたが）。ましてや、資金繰り表の作成方法は、何十年も前からまったく変更していません。

つまり、この本に賞味期限はないということです。

では、読み終わった方は、第4章の資料サンプルのダウンロード（↓巻末）から着手してください。ぜひ、今すぐに！

２０１５年５月

小堺　桂悦郎

[著者プロフィール]

**小堺桂悦郎◉こざかいけいえつろう**

”借りる技術・返す技術”を指南する資金繰りコンサルタントとしてのキャリアは20年以上。主に中小企業経営者の立場に立った実践的なコンサルティングが好評。相談に応じた企業数は2100社を超し、銀行から引っ張った融資総額は150億円以上。ほとんどのクライアントが債務超過の、資金繰りに悩む企業であるにもかかわらず、これまで倒産した企業はわずかに1社。

バブル景気真っ只中の1980年代を通して金融機関の融資係を務め、1989年、日経平均株価が史上最高値をつけた日を最後に税理士事務所に転職。税理士事務所では、バブル崩壊後となる1990年代の大半を資金繰りコンサルティング業務に専任。銀行対策を得意とし、年商1000万円から40億円までの幅広い企業のコンサルティングをはじめ、M&Aなども担当。

2001年末にコンサルタントとして独立した。

2006年発売の『なぜ、社長のベンツは4ドアなのか?』(フォレスト出版)はシリーズ累計70万部を突破する大ベストセラーに。「お金」の専門家として、実例をもとにした生々しくも親しみやすい内容と文体に、税理士や銀行員といったお金のプロから、経営者、経理担当者、一般のビジネスマンから主婦まで、幅広い読者をもつ。

これだけは知っておきたい
# 「資金繰り」の基本と常識

2015年7月4日　初版発行
2015年8月18日　3刷発行

著　者　小堺桂悦郎
発行者　太田　宏
発行所　フォレスト出版株式会社
〒162-0824　東京都新宿区揚場町2-18　白宝ビル5F
電話　03-5229-5750（営業）
03-5229-5757（編集）
URL　http://www.forestpub.co.jp
印刷・製本　萩原印刷株式会社


ISBN978-4-89451-670-0　Printed in Japan

各種資料のフォーマットデータ

# 無料ダウンロード案内

本書の中で使用方法をお伝えした各種資料を入手できます！

**「簡単月次損益実績表」**（第 4 章 152 ページ）
**「資金繰り実績・予想表」**（第 4 章 156 ページ）
**「経営改善計画書」**（第 4 章 160 ページ）
**「どこから借りたか一覧表」**（第 4 章 164 ページ）
**「担保物件一覧表」**（第 4 章 166 ページ）
**「いくらずつ返すか一覧表」**（第 4 章 168 ページ）
**「超簡単資金繰り表」**（第 6 章 214 ページ）
**「受注業務概況表」**（第 6 章 226 ページ）

※「経営改善計画書」は Word ファイル、それ以外の資料はすべて Excel ファイルになります。

**▼各種資料のダウンロードについては、こちらへアクセスしてください。**

今すぐアクセス↓　　半角入力

**http://www.forestpub.co.jp/shikin**

【アクセス方法】 フォレスト出版　検索

ステップ① Yahoo!、Googleなどの検索エンジンで「フォレスト出版」と検索
ステップ② フォレスト出版のホームページを開き、URLの後ろに「shikin」と半角で入力

※Wordファイル、Excelファイルはホームページからダウンロードしていただくものであり、小冊子やCDをお送りするものではありません。